新西兰风情录

毛宁润　著

中国文史出版社

图书在版编目（CIP）数据

新西兰风情录 / 毛宁润著 . —北京：中国文史出

版社，2019.10

ISBN 978 – 7 – 5205 – 1377 – 7

Ⅰ.①新… Ⅱ.①毛… Ⅲ.①新西兰—概况

Ⅳ.① K961.2

中国版本图书馆 CIP 数据核字（2019）第 216174 号

责任编辑：戴小璇

出版发行：**中国文史出版社**

社　　址：北京市海淀区西八里庄 69 号院　　邮编：100142

电　　话：010 – 81136606　81136602　81136603（发行部）

传　　真：010 – 81136655

印　　装：天津行知印刷有限公司

经　　销：全国新华书店

开　　本：1/16

印　　张：19.5

字　　数：380 千字

版　　次：2019 年 10 月北京第 1 版

印　　次：2019 年 10 月第 1 次印刷

定　　价：78.00 元

——谨以此书献给我的祖国

　　和我的第二故乡新西兰

前　言

　　本书旨在以图片为主，尽可能地反映新西兰的风土人情，让人们对新西兰社会和人文环境有一个较为深刻的了解。其选题在注重新西兰特色的前提下，兼顾新西兰与中国的不同之处。

　　新西兰是个移民国家，特别是 20 世纪 80 年代末和 90 年代初，在中国改革开放后的留学热潮中，很多中国人来到新西兰留学，之后又移民定居此地，他们如今已成为新西兰一道亮丽的风景线。他们和其子女无论是在上大学的比例上，还是在各行各业中，都为新西兰留下了不可磨灭的印记。现在的中国移民已成为新西兰除了欧洲移民和本地毛利民族外一支较大的族裔，是新西兰社会不能不提到和不能不重视的元素。本书因此也会侧重介绍一些新西兰的中国元素。

　　为方便读者阅读，本书在使用英文原名的基础上，对较著名的城市、景点及人和事物同时标注出中文。本书除目录外，在书后附有索引，以便读者查找相关内容或数据：如抽烟人口，肥胖率，中国旅游者花费和蜂蜜产量等。索引按汉语拼音顺序排列。行文中需要说明的地方用数字 1、2、3……标出，并随页加脚注。本书所使用的照片，除特殊说明者外，均为作者从 1991 年至今，历时二十多年所拍摄的。照片附说明，希望尽可能地勾画出新西兰的风貌和特征；但挂一漏万，不足之处在所难免。照片说明和书中叙述亦为作者个人的感受和观点，欠妥之处还望读者海涵。

目　　录

海 之 韵

　　新西兰是个岛国，有 15,000 公里的海岸线，跟大海有着无限的眷恋情怀。它四面环海，每个海滩都有各自的风貌。东海岸婀娜多姿、风光绮丽，海水较为温和；西海岸气势磅礴、雄伟壮丽，风高浪大，较冷。在北岛顶端可遥望太平洋和 Tasman Sea（塔斯曼海）汇合之处。南岛顶端与南极大陆相望，浩瀚而苍茫。南岛顶端的 Stewart Island 岛是地球上有人居住的距离南极最近的岛屿之一，那里也是各种海鸟的天堂。

　　新西兰北岛西海岸的 Ninety Mile Beach（90 英里海滩）是世界前五名最长的海滩之一。新西兰旅游宣传册中，一辆载满游客的大巴士在白色的 90 英里海滩上行驶的照片让多少人想成为车上的游客。既能钓鱼、抓蟹，又能游泳、冲浪、玩滑翔伞和观海鸟的 Muriwai Beach（穆里怀海滩）则让游客流连忘返；而西海岸中部的 The Three Sisters（三姐妹）海滩壮丽迷人的景观更是可遇而不可求。

　　围绕新西兰最大的城市奥克兰东海岸的一连串的海滩，Herne Bay 海滩、Freemans Bay 海滩、Okahu Bay 海滩、Mission Bay 海滩、St Heliers Bay 海滩和 Ladies Bay 海滩，更像一颗颗璀璨的明珠蜿蜒地把奥克兰装点得分外妖娆，让你目不暇接。

　　Herne Bay 是新西兰最昂贵的住宅区，那里有不少住宅直接连着海滩，有的住宅还有私人船坞和半私人化海滩[1]，直接可以出海，或在家里的海滩上沐浴。Freemans Bay 过去是个小渔村，现在是海港。此地店铺林立，上好的咖啡店和餐馆比比皆是。如有日本火车式巡回寿司店，巴

南岛 Dunedin（但尼丁）St Kilda Beach（圣迪达海滩）。

---

　　1. 海滩属于国家，但住宅直通的海滩别人进不去，从某种意义上讲就是属于个人使用。

西不限量烤肉店，意大利通心粉餐馆，中国午间茶座，星巴克等。Okahu Bay 设有儿童游乐场和运动场，海边绿树成荫，人们乐于在那里游泳、划船或在树荫下读书。旁边的 Kelly Tarlton's Underwater World 水族馆更是吸引人的眼球。Mission Bay 喷泉怒放，游人如织，是传统的必到旅游胜地。St Heliers Bay 是白领阶层的最爱，那里没有 Mission Bay 的喧闹，适合遛狗休闲，而店铺方便亦同 Mission Bay。Ladies Bay 是奥克兰城区唯一的天体浴场，那里无拘无束，浑然天成。

奥克兰虽然土地面积不到全国的五十分之一，但却居住着约 160 万人口，相当于全国人口的三分之一。换句话说，每三个新西兰人中就有一个住在奥克兰。离奥克兰稍远一点往北的 Orewa Beach（奥雷瓦海滩）、Goat Island（山羊岛）、Omaha Beach（奥马哈海滩），以及 Bay of Islands（岛屿湾）都是度假的好去处。在山羊岛可以乘坐船底透明的玻璃观光船观赏五彩缤纷的海底世界。奥雷瓦迷人的海滩和海边高档的餐饮服务区以及商店，每年吸引大量的游客驾驶着大篷车前往。新西兰前总理 John Key（约翰·基）的度假屋就坐落在奥马哈海滩旁边。从奥克兰往东是 Coromandel Peninsula（科罗曼德半岛），那里的 Hot Water Beach（热沙滩）可以让游客在海滩上就地刨坑泡温泉，乐趣无穷。

南岛东海岸的 Moeraki Beach（摩拉基大圆石）拥有传说中的"上帝的项链"；而在 Otago Peninsula（奥塔哥半岛）的 Taiaroa Head（泰瓦罗瓦角），你不仅可以看到世界上最大的信天翁（Royal Albatross）和躺在海岸岩石上晒太阳的海狮、海豹，你还可以在坑道里观看濒临灭绝的黄眼企鹅归巢喂雏的动人情景。

在南岛西海岸 Milford Sound（米佛峡湾）的群山环抱中，云雾缭绕、瀑布飞泻的变幻世界里，你会感慨万千；而 Fox Glacier（福克斯冰川）的久远和壮观，会让你浮想联翩。有人猜想，远古的猛犸象或是剑齿虎是不是还埋在冰川下面？它们是否正等待着人们去发现和开发？

新西兰是个狭长的岛国，从新西兰的任何一点到海边都不会超过 128 公里。新西兰人与海有着不解的渊源和无尽的情怀。

摄于 Coromandel Peninsula（科罗曼德半岛）。大海的召唤。2019 年 5 月 11 日。

奔向大海

摄于奥雷瓦海滩，湛蓝、温暖的东海岸。2017 年底。

说不尽的鸟岛

Muriwai Beach（穆里怀海滩）坐落在新西兰北岛的西海岸，从奥克兰市中心向西行驶，约40分钟车程就可以到达。

穆里怀海滩，人们习惯称它为鸟岛。成千上万只的海鸟聚集在一起，十分震撼。虽说它是来奥克兰旅游不能不去的地方，但旅游公司不会带你到此。一是，这里不让旅游大巴驶入；二是，单独安排昂贵。建议自驾游的人士千万不要错过这个一定会让你流连忘返的景点。

独钓沧海，任凭风吹浪打。但也要注意安全，曾经有人被海浪卷下礁岩。

摄于穆里怀海滩。中国留学生利用假期来到穆里怀海滩，用树枝在海滩上写出大大的"中国"二字，并把自己融入字中，向大海对面的祖国致敬，抒发无尽的情怀。1992年1月。

风帆冲浪可以说是穆里怀海滩的又一大特征。无论春夏秋冬，是清晨还是傍晚，是晴天还是雨天，在这里，你都能看到不惧风险的冲浪者。

千姿百态的穆里怀海滩在傍晚又会呈现梦一般的境界。

鸟岛

摄于 2016 年 10 月 16 日。

迷人的奥雷瓦海滩

夏日的 Orewa Beach（奥雷瓦海滩）。

奥雷瓦海滩像穆里怀海滩一样，离奥克兰约40公里，但它与穆里怀海滩相背坐落在东海岸。两个海岸像奥克兰延伸出去的翅膀，一左一右。奥雷瓦海滩有设备齐全的旅行车露营地，很多大篷车、旅游车开到这里会逗留几天。镇上的旅馆和购物餐饮都很上档次。老年公寓和度假村鳞次栉比。不少在奥克兰居住的老人卖掉城里的大房，在此置业安享晚年。

奥雷瓦的沙滩、海浪、阳光和美女。

在奥雷瓦海滩上一展身手并留影的小姑娘。

冲浪后的小憩。

奥克兰的一串明珠

奥克兰市中心从西向东是一个个风格各异的海滩。有的富饶休闲，有的集商贸一体，有的注重水上游乐。

从奥克兰海港大桥上眺望新西兰最昂贵的街区 Herne Bay。

Herne Bay 海滩上的私人船坞。

晒日光浴成了 Herne Bay 的时尚。

Herne Bay 海滩。

晒出一身油光的古铜色皮肤看上去结实洒脱，让人羡慕；但就像健身过度会伤身一样，晒太阳时间过长，皮肤易灼伤，加速皮肤老化。新西兰正好在大气臭氧层洞的底下，紫外线照射强烈，不注意的话，易得皮肤癌。据新西兰卫生部统计，新西兰皮肤癌发病率是世界第一。每年约有6.7万人患此病，约占全国人口的1.4%。

　　从 Herne Bay 向东经过 St Marys Bay 就是 Freemans Bay 了。它过去是渔人市场，现在已变成奥克兰海港。这里餐馆、酒吧林立，档次都很高。附近沿码头修建的高档公寓更是价格不菲，其公共房屋维修费非一般人可承受。

　　Princes Wharf（王子码头）上的餐厅。它是奥克兰市区中心的码头。

　　Ponsonby 集市上的街头乐队。Ponsonby 和 Freemans Bay 通常被人们混称在一起。这里是白领阶层的最爱，不少白领在此置业居住。

　　参加 2018 年 Volvo Ocean Race（沃尔沃环球帆船赛），停靠在奥克兰 Viaduct Basin 港湾内的中国东风号帆船。

　　从奥克兰海港对面的 Mt Victoria（维多利亚山）上眺望奥克兰海港。

奥克兰海港大桥。Americas Cup Yacht Race（美国杯帆船赛）和沃尔沃环球帆船赛都曾在这里举行。2012年中国三亚帆船参加了沃尔沃环球帆船赛的奥克兰站的比赛，成为首支参加国际帆船大赛的中国船队。

奥克兰有"帆之都"称号。无论在奥克兰海港，还是在私人住家的院子里或是马路上，你都能看到帆船或游艇。

从奥克兰海港往东就到了当地毛利人最青睐的 Okahu Bay。

人们喜欢在 Okahu Bay 的栈桥上钓鱼。

人们还喜欢在此练习水上功夫。

Mission Bay 地标性喷泉。

连接 Okahu Bay 的是 Mission Bay。这样的景色是每一位到此的游客首先看到的。

Mission Bay 是距奥克兰城最近的著名海滩，也是海外游客到奥克兰旅游的必到之处。海滩上随处可见享受阳光、沙滩和海浪的美女。

经过 Mission Bay 就到了 St Heliers Bay。站在对面 Devonport 区的维多利亚山上眺望 St Heliers Bay。从 St Helies Bay 再往下走便是 Ladies Bay 了。

Ladies Bay 是奥克兰城区唯一的天体浴场。在新西兰脱衣舞和妓院都是合法的，但不允许在公共场合裸体或暴露私处。可是在特殊场合，通过向当地政府申请可以获得特批，如同性恋游行等。

从 Rangitoto Island（朗伊托火山岛）顶上俯瞰奥克兰。Rangitoto Island 是奥克兰约 53 座火山中最年轻的一个，但它却是奥克兰所有火山中海拔最高的，达到 260 米的高度。它最近的一次喷发约在 600 年前。从奥克兰坐船约 25 分钟到达该岛。岛上的山顶是瞭望奥克兰城市全景的最佳地点。目前该岛上除了旅游者和护岛人员外没有居民居住。

游客们正在向岛上的山顶攀登。

海上城市帆之都奥克兰

Piha Beach（皮哈海滩）。它离奥克兰市区约30公里，1958年成为新西兰第一个现代冲浪海滩。

因为 Piha Beach 上的沙子近乎黑色，人们又叫它黑沙滩。屹立在海岸边上的 Lion Rock（狮子岩）是黑沙滩的地标。它与同处于西海岸的鸟岛上下呼应，成为奥克兰人周末带孩子出游的好去处。

在奥克兰周边的海滩上，游玩、戏耍和打球、踢球的到处可见。

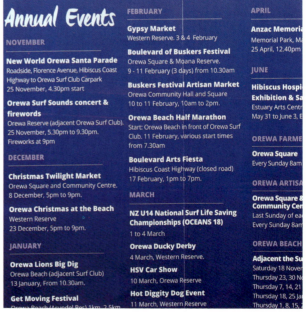

Annual Events

NOVEMBER

New World Orewa Santa Parade
Roadside, Florence Avenue, Hibiscus Coast Highway to Orewa Surf Club Carpark
25 November, 4.30pm start

Orewa Surf Sounds concert & firewords
Orewa Reserve (adjacent Orewa Surf Club).
25 November, 5.30pm to 9.30pm.
Fireworks at 9pm

DECEMBER

Christmas Twilight Market
Orewa Square and Community Centre.
8 December, 5pm to 9pm.

Orewa Christmas at the Beach
Western Reserve
23 December, 5pm to 9pm.

JANUARY

Orewa Lions Big Dig
Orewa Beach (adjacent Surf Club)
13 January, From 10.30am.

Get Moving Festival
Orewa Beach (Arundel Res) 1km, 2.5km

FEBRUARY

Gypsy Market
Western Reserve. 3 & 4 February

Boulevard of Buskers Festival
Orewa Square & Moana Reserve.
9 - 11 February (3 days) from 10.30am

Buskers Festival Artisan Market
Orewa Community Hall and Square
10 to 11 February, 10am to 2pm.

Orewa Beach Half Marathon
Start: Orewa Beach in front of Orewa Surf Club. 11 February, various start times from 7.30am

Boulevard Arts Fiesta
Hibiscus Coast Highway (closed road)
17 February, 1pm to 7pm.

MARCH

NZ U14 National Surf Life Saving Championships (OCEANS 18)
1 to 4 March

Orewa Ducky Derby
4 March, Western Reserve.

HSV Car Show
10 March, Orewa Reserve

Hot Diggity Dog Event
11 March, Western Reserve

APRIL

Anzac Memoria
Memorial Park, Ma
25 April, 12.40pm

JUNE

**Hibiscus Hospi
Exhibition & Sa**
Estuary Arts Centr
May 31 to June 3, E

OREWA FARME

Orewa Square
Every Sunday 8am

OREWA ARTISA

**Orewa Square &
Community Cen**
Last Sunday of ea
Every Sunday 8am

OREWA BEACH

Adjacent the Su
Saturday 18 Nove
Thursday 23, 30 N
Thursday 7, 14, 21
Thursday 18, 25 Ja
Thursday 1, 8, 15,

奥雷瓦海滩年度活动表。

每个海滩还时不时举办各自拿手的活动。仅以奥雷瓦海滩为例就有：1月的跑步节；2月的吉卜赛市场节；3月的冲浪比赛；6月的艺术节；11月的圣诞游行和12月的圣诞烛光晚会等。一年间排得满满的。

2018年4月鸟人飞行日活动在奥克兰 Murrays Bay 举行。

姑娘们争相在海滩上留下她们美丽的倩影。

摄 于 Torpedo Bay, Devonport 码头。傍晚垂钓。对面是奥克兰海港。

奥克兰往北再向东行约90公里就到了 Goat Island（山羊岛）。它虽说地处新西兰北岛的东海岸，但与一湾相隔的 Omaha Beach 截然不同，这里看不到湛蓝的海水和洁白的沙滩，取而代之的是嶙峋的礁岩和棕色的沙滩，一如西海岸的粗犷。这里以潜水运动和水中观鱼著称。

你可以自带或就地租借潜水器具在海里自行观鱼；亦可乘坐玻璃底船（只在夏季开放)到海中观鱼和看蛙，人在海底深处与鱼戏耍。

这里的鱼品种很多，戴着潜水镜和换气管在海里游泳，形状各异，色彩斑斓的大小鱼群会围在你身边游来游去，旁若无人。

这里的海鸟似乎都显得沧桑。

刚从海里回来的蛙人。

树立在海滩旁的各种鱼类介绍牌。

树立在海滩旁的潜水广告牌。

这里是离奥克兰最近的海中观鱼景点，也是新西兰第一个海洋保护区。

The University of Auckland（奥克兰大学）重金打造的海洋科学研究中心 Leigh Campus 分校[2]就坐落在海岸崖壁上。这里的学生，包括研究生、博士生可以随时潜入海里观察、研究海洋生物的习性和生存状况。海滩旁竖立着和岩壁上挂着 "请不要喂鱼"的警示牌，给出的理由是：可能引发疾病；可能会咬你；会改变它们的习性；海里有足够的天然食物。请保护鱼，也保护海洋自然资源。

2. 仅 2011 年，奥克兰大学就投资 1,000 万纽币升级 Leigh Campus 分校海洋科学研究中心。

山羊岛的由来据说是，早期欧洲移民在岛上放养山羊，需要时再围捕或运到别的地方。另一说法是，岛上的山羊是流放犯人的食物。

The University of Auckland（奥克兰大学）海洋科学研究中心 Leigh Campus 的校园。

奥克兰往南约 100 公里的 Waikato Heads Sunset Beach（落日海滩），尽显奥克兰西海岸的奔放和狂野。

居住在这里的人们勇敢豪放。不管天气如何，这里的男女老少，一有时间就奔向大海。有的人干脆穿着游泳衣，光着脚，拿着冲浪板从家里直达海里，尽情地享受大海的拥抱。

摄于落日海滩，这里有面向大海的居民区。2018 年 2 月。

落日海滩救护所。

附近的居民比较贫穷，房屋也破旧。有人戏称，要是想看大奥克兰市的贫民窟就来这里吧。尽管贫穷，他们依然能分享着大自然带来的快乐。落日海滩旁的居民区简陋，缺少维修，一些房屋还是用铁皮包成，屋顶和围栏也破旧不堪。但公共用地和海边设施还是很好的，如公共草坪修剪及时，海边设有冲浪俱乐部，救生服务完备。

新西兰的发祥地

Bay of Islands（岛屿湾）大约有140多个岛屿，是早期毛利人定居的地方。最具代表性的当属Paihia和Russell两个小镇。1769年库克船长[3]到达这里，看到了毛利部落的聚集地，并把这里的情况带回了英国。1840年2月6日英国和当地毛利人签订了Treaty of Waitangi（怀唐伊条约），并把这天作为新西兰的建国日，Russell因此成为新西兰的第一个首都。一年后，新西兰首都迁到奥克兰。1865年，为了方便南北岛的联系，最终迁都到惠灵顿。

Paihia镇上的Waitangi Treaty Grounds是怀唐伊条约签署地。在这里你不仅可以看到条约签订处和第一任新西兰总督的小办公室及毛利议事厅等，你还可以出海环岛游和近距离与海豚接触。Paihia小镇依山傍水，景色迷人。这里的重点旅游项目有参观怀唐伊条约签订处，可了解毛利文化，出海探险，看海豚，看Hole in the Rock（象鼻山）等。

Treaty House（签约屋）。怀唐伊条约于1840年2月6日在此地签订，新西兰宣告成立。

---

3. 库克船长（Captain James Cook, 1728—1779），英国著名航海家、探险家和航海制图员。他三次出使太平洋。

英国海军于 1769 年首次到达 Paihia，签约前后，英国海军也到此保驾护航。

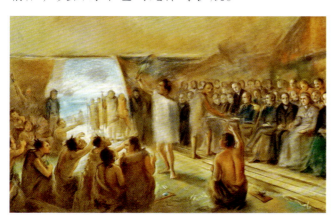

这是描绘 1840 年英国和当地毛利部落首领签约时的情景。

签约地的 Marea（毛利议事厅）和毛利舞表演。

Okiato 面对签约地，虽说与签约地直线距离不过千米，因为没有桥，所以一般需要坐船，仅约5分钟便可到达。

新西兰的第一个首都建在 Russell 海滨小镇的 Okiato 区。这是新西兰第一个首都的遗址。当时的政府机构建筑均毁于1842年5月的一场大火，只留下这口井。

在新西兰第一个首都原址上打造的私人住宅。

新西兰第一个首都 Russell 镇的海滩。

这个闪着蓝光的巨大平台是在 Paihia 码头前设立的海事图，图中标出有趣的景点和方位。马路对面是一家当地的旅游公司，公司房檐下设有重点旅游项目的招牌。

从岛屿湾向北前行不远就到了 Whangaroa 海湾，它是驾驶帆船和海中垂钓的好地方。这里鱼种齐全，品质高贵，有 Kingfish(帝王鱼)、Red Pigfish(红猪嘴鱼)、Red Snapper(红鲷鱼)和 Grandfather 或叫 Granddaddy(红石斑鱼)等。

在 Whangaroa 海湾出海钓到的这条帝王鱼太小了，要把它放回大海。

落日余晖中的 Whangaroa 海湾更像一幅水墨画。

摄于 Whangaroa 海湾。欢快的鱼群。2018 年 1 月。

在新西兰钓鱼、捕鱼都有尺寸和数量上的限制。有的地方钓鱼还要有鱼证，如在Lake Taupo（陶波湖）钓鱼，游客要买一天的鱼证，有几个人钓，就要买几个鱼证。一般鱼证要十几块纽币一天。假定租一条船去钓鱼的话，其费用远远高于鱼证，所以一般人也不在乎多买几个鱼证了。如五六个人换着钓鱼，有三四个鱼证也可以；因为一个鱼证限一根钓鱼竿，跟谁钓没有太大关系。

北端灯塔和科罗曼德半岛

新西兰最北端Cape Reinga（海角灯塔）。对面是澳大利亚。有的游客说这里极像南非的好望角。

Hot Water Beach（热沙滩）坐落在 Coromandel Peninsula（科罗曼德半岛）上，距奥克兰约2小时车程，是新西兰AA旅游杂志推荐的101个新西兰必看景点之一。去那里别忘带上铁锹等挖坑的工具，否则你只能在别人废弃的沙坑里泡温泉了。

摄于热沙滩，在热沙滩上练瑜珈的美女。2019年5月。

热沙滩成了孩子们纵情玩耍的地方。科罗曼德半岛可谓珠玑遍地。离热沙滩不远的是 The Lost Spring（迷幻温泉），其景观更是瑰丽绚烂，让人陶醉。

下图为迷幻温泉中的溶洞池。

上图为迷幻温泉中的跨桥温泉。

离热沙滩和迷幻温泉咫尺之遥的是另一个世界级景观 Cathedral Cove （教堂湾）。
下图为从教堂湾洞口由南往北看的景观。

从北往南看的教堂湾洞口。

教堂湾

可遇不可求的"三姐妹"

The Three Sisters（三姐妹）景观坐落在新西兰北岛南部西海岸的 Tongaporutu 小镇附近。它面对塔斯曼海，位于新西兰最大城市奥克兰和首都惠灵顿之间。它隐藏在大山的背后，只有在落潮时，人们才可以顺着大山脚下的黑沙滩，绕到大山后面去欣赏那壮丽迷人的景色。但像间歇泉一样，一定要设法在涨潮前回到岸上。

在沙滩旁等待落潮后去看"三姐妹"的人们。

大山背后有着形状各异的礁岩和岩洞。其中以"三姐妹"礁岩最为壮观。

奥克兰一位普通家庭的主妇正在房顶上刷漆。

在房顶手拿电动剪枝机干活的女子。摄于2017年11月。奥克兰Remuera高尚住宅区。

摄于奥克兰市中心Customs St大街。不知是不是仿效中国还是其他亚洲国家，近几年奥克兰城里也出现了载游客逛城区的人力三轮车。年轻的女大学生夜里拉车赚学费。2016年。

摄于奥克兰地区法院。挂在奥克兰法院大楼墙外干活的美女蜘蛛人。2015年。

奥克兰Queen St（皇后街）众多的人力观光三轮车排队在等候顾客。

新西兰人淳朴、勇敢、热情、乐于助人。一位旅游者的亲历最好地描述了新西兰人。据新西兰先驱报报道，这位旅游者在遇到车祸后，不仅有人帮她打电话报警，报保险，帮她安顿母亲和孩子，帮她画出事图，帮她作证。保险公司还为她提供了另一辆车，让其全家有可能继续完成她们的旅行计划。她感慨道："新西兰景美，但比风景更美的是人啊。"

2018年2月1日新西兰中文先驱报也对此进行了同步报道。

记得前不久，一位中国妇女在超市被抢，一位名为 Lucy Knight 的洋人妇女挺身拦截抢匪，不幸被推倒受伤[13]；此事也在华人社区引起了强烈的反响。华人还为此举行了募捐活动。

Assault victim Lucy Knight with the people who came to her aid. Pictured (from left) are Vanessa McCall, Lucy Knight.

左起第二位是 Lucy Knight 女士。她有6个孩子。她的丈夫说她有很强的正义感。她聪明，工作刻苦，有自己的网上电影公司，出事前刚刚获得全国健美妈妈第二名。

勇敢的 Lucy Knight 就是在这个超市门前与抢匪搏斗的。

总之你若来新西兰，随时随地能感受到新西兰人的热情和乐于助人。这里的服务行业更是如此，能处处为你着想，而不仅是为了赚钱。

右面这位是 Waiwera Thermal Resort 热温泉的女售票员，在我们购票时，温馨提示我们要不要等几分钟，因为4点以后买票可以省不少钱。当时我一看表已是3点55分，如果现在买票每人要付29.99纽币，而5分钟后，只要15纽币，我们欣然接受了她的建议。她的一句话，一个关心，就叫我们三

13. 2014年9月23日，奥克兰北岸 Northcote 超市门前，一名抢匪试图抢走一名华人妇女的手袋，当时在场的一名叫 Lucy Knight 43岁有多个孩子的洋人母亲，挺身与抢匪搏斗，抢劫未果，抢匪空手逃逸。不幸的是这位叫 Lucy 的母亲倒地受伤。抢匪是一名年轻的毛利族裔或太平洋岛民。

个人在 5 分钟内省了 45 纽币，约合 200 多元人民币，我想就是在此地打工，5 分钟也挣不出这么多钱来啊！

在这里的商店购物，如你不满意，或物品有什么毛病，或你改变了主意什么的，大多可以退货退款。人与人之间相互信任，甚至退货包装箱都无需开验，就直接退款了。企业和员工的理念是，货品一定有毛病你才来退货，做的不好是厂家的责任，完善产品，让顾客满意才是方向。

讲信用，不说谎，是新西兰人崇尚的理念。一次笔者到奥克兰市 Newmarket 商业区的 The Warehouse 百货商店买床单，一看平时卖一两百元的床单才卖 5 块钱，就拿了两个包装在精美塑料袋里的床单来到柜台前，售货员一扫条形码，说一共 300 纽币。我说不对吧？上面标价是每条床单 5 纽币。她找来当班经理，经理问我从哪里拿的床单，我带他到货架旁，他翻看了其他同等的床单，上面的价签都标着 5 纽币。他说是我们的错，工作人员打错价签了。我本以为他们会找各种理由，说计算机条形码是对的，价签打错了，买就要付 150 纽币一个等等；不想他带我回到柜台前，对那个售货员说，5 块钱一个卖给他。然后跟我说了半天对不起。接着他对那个售货员说，他会马上叫员工改价签，改完前，如有人再拿着 5 元价签的床单来的话，一律按 5 元卖。笔者的一个朋友也有同样的经历。一天她到 Food Town（食品超市）买东西，结完账，一看面包和橘子多收了钱，她找到柜台，售货员叫来了经理，核对后发现面包是店里现烤的，品种搞错了；橘子特价，但他们按原价收的费。经理马上跟她道歉，并退还了她这两项食品的全款，并叫她把面包和橘子免费拿走。他讲因为是他们的错，所以这两项食品不收费了，以示歉意。

在奥克兰 Mission Bay 海滩驾驶摩托快艇的女子。

　　摄于陶波湖，徒手赤足攀礁岩的年轻女子，终于爬到岩顶。新西兰女子的美丽和勇敢可见一斑。
2018 年 2 月。

新西兰农牧场机械化程度高，通常也只有两三个人照顾几百头，甚至上千头牛。从配种，到转移场地，从挤奶到化粪，有的还要种植喂牛的蔬菜和饲料等。辛苦程度可见一斑。但新西兰农牧场里有很多妇女从事着和男人一样的繁重的体力劳动。她们驾驭大型牧畜的能力，如牛、马、鹿和羊驼等比男人一点不差。

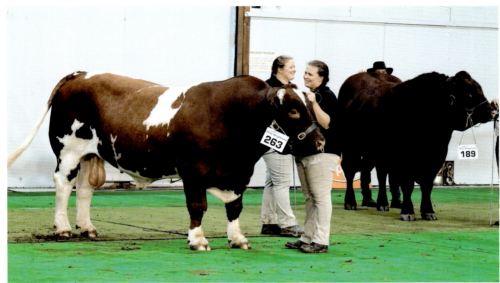

　　2018年复活节活动中获种牛一等奖的牧场姐妹花，喜悦之情溢于言表。养牛、挤奶是非常辛苦劳累的事。不仅要每天起早贪黑，还要有强壮的体魄。

　　摄于奥克兰ASB Showgrounds展览中心。2018年4月1日。

　　摄于奥克兰ASB Showgrounds展览中心。复活节种牛评比活动中的女裁判。2018年4月1日。

　　在奥克兰Kelly Tarlton's Underwater World水族馆里，正在喂巨型Short-tailed stingray（短尾黄貂鱼）的年轻女饲养员。巨型短尾黄貂鱼可重达350公斤，鲨鱼都躲着它。

　　新西兰女子勇敢、淳朴、自然、美丽、开朗、热情和乐于助人。这和新西兰的社会环境、风俗，以及她们的传统教育有很大的关系。

新西兰的畜牧业十分发达，就是在很多公园里或马路边也能见到牛、羊、马和羊驼以及鹿等动物，鸡鸭鹅、猫狗猪更是随处可见，孩子们从小就有机会近距离地接触动物，养成良好的与动物和自然界友好相处的习惯。

右图为复活节活动中的孩子们。穿闪光工作服的女子是复活节活动牧畜馆的工作人员。看那只把头躺在她怀里的羊睡得多安稳。那大概是只头羊，其他的羊也因此都安静地卧在展台上让孩子们任意抚摸。

左图为孩子们正在给石膏动物塑像涂上自己认为应该的颜色或是好看的颜色。塑像主要有牛、马、猪、羊、狗和恐龙等。这种工作绘画室几乎在所有庆祝和游艺活动中都不可缺少。让孩子们自己动手，增长知识和技能。

摄于奥克兰 ASB Showgrounds 展览中心。2018 年 4 月 1 日。

摄于奥克兰 ASB Showgrounds 展览中心，复活节活动中女伐木工展示技艺。2018 年 4 月 1 日。

Jean Batten (1909—1982) 出生在新西兰罗托鲁瓦。她不仅是世界上最早的女飞行员之一，而且是第一个单人驾驶飞机环绕世界的人。她还打破了多项世界纪录。最著名的是在 1936 年驾驶单人飞机从英国飞到新西兰。

摄于奥克兰 MOTAT 航空、运输科技博物馆。图为悬挂在航空馆里的 Jean Batten 像。2018 年 3 月。

新西兰 10 元钱币上的女权活动家 Kate Sheppard。

Kate Sheppard（1847.3.10—1934.7.13），她的头像如英国女王一样，印在了新西兰的钱币上。她 1868 年和家人移民新西兰，是著名的女权活动家。在她的倡导和组织下，为妇女投票权争得了约 3 万个签名，并提交国会。当时的签名纸粘连在一起有 270 米长。1893 年新西兰国会通过了她的提案，由此新西兰成为世界上第一个允许妇女投票的国家。

Dame Valerie Kasanita Adams 是新西兰的骄傲，她四次获得世界铅球冠军，三次世界室内铅球冠军，两次奥林匹克冠军和三次共同体赛冠军，至今仍活跃在赛场上。

摄于奥克兰 Murrays Bay 海滩。在 2018 年 Birdman 鸟人飞行挑战活动中首先跳出起飞台的两位女子凯旋。2018 年 4 月 7 日。

下图是 2018 年 3 月 18 日 Eliza McCartney 在奥克兰天空城的 Vertical Pursuit 活动中越过 4.9 米的一瞬间。这一纪录打破了她本人在 2016 年巴西里约奥运会女子撑杆跳取得铜牌的 4.8 米纪录，也刷新了她本人的最好纪录。成为南半球跳得最高的人。

　　随后她又冲击 5 米的高度，整个身体都过了横杆，不幸手臂将横杆碰落，功亏一篑，但仍赢得了全场雷鸣般的掌声。这位今年才满 21 岁漂亮的女运动员在赛后采访中说："虽然打破的纪录不会作为官方的正式纪录，因为这不是正式的比赛，但仍让我振奋。"她的教练 Jeremy McColl 赛后说，她可以跳得更高，在不久的将来一定能跳过 5 米。世界上只有两位女士曾跳过 5 米的高度。一位是 Yelena Isinbayeva，另一位是 Sandi Morris。截至目前，世界上有 6 位女性越过 4.9 米。我坚信 Eliza 很快会成为世界上第三个征服 5 米高度的女性。

打破纪录前的酝酿。

打破纪录前的试探。

起跑，冲刺。

打破纪录的瞬间。

打破纪录后，在冲击5米的高度之前，坐在跑道上短暂休息的 Eliza McCartney 向观众表示谢意。

Eliza McCartney 高空越栏的英姿。正如她的教练所说，她一定会在高空飞翔的。

新西兰的第一和它的 D.I.Y

新西兰的 D.I.Y 与发明创造

D.I.Y 即 Do It Yourself，也就是自己动手，它是新西兰人引以自豪的风俗。新西兰人热衷于自己干。从汽车到火箭，从刷漆到建房，几乎无所不能。1991 年以前，新西兰政府甚至对盖房都没有限制。什么人都可以盖房，也没有检查制度。当你给汽车上保险时，保险公司最常问的一句话就是：你的车改装了没有？新西兰人动手能力强，这与他们儿时从事劳动和所受的教育有关。新西兰的孩子们从小就参与做花园，跟父母一起干力所能及的活。新西兰大多是私人家庭小企业，很多服务和维护公司就是一个人。这里常能看到父亲做工，儿子打下手的情景。如到笔者家清理水罐的中年男人就带着他七八岁的儿子。我起先以为学校放假，孩子没人看护，所以干活带上孩子。一问才知道父亲的初衷是培养孩子的动手能力，孩子确实也帮了不少忙，如收拾水管，递工具，清洁车辆等。再如，无论是出海回来还是旅游回来，你总能看到当地人家的孩子在刷洗船身或清

洁车身，他们的父母则站在旁边看。我曾看到一家人在搬家时，一个大概只有 5 岁的小男孩推着一辆 Wheelbarrow 独轮车在园子里捡地上的垃圾，其熟练程度绝非第一次推独轮车。在新西兰的学校里，特别是在中学里，学校鼓励和安排孩子们做义工，如看护陪伴孤寡老人，做家庭清洁等。学生们在这方面积累的业绩可作为申请著名学府的加分依据。参与和创新不管是过去还是现在都是新西兰人的生活方式。培养人的创造性和鼓励人们动手实践是新西兰社会的公序良俗。

这位老哥骑上自己做的自行车行驶在奥克兰最繁华的 Queen Street（皇后街）上。

新西兰有很多不同种类的建筑商店，店里挂的横幅"D.I.Y. Workshop"即指"自己动手作坊"。

左图为自己改装的摩托车行驶在高速公路上。

新西兰有很多专卖店,如水工店、电工店、泳池店、卫浴店、门窗店、油漆店和花园植被店等。有的是综合店,较著名的综合店有 Place Makers、Mitre10 和 Bunnings Warehouse 等建材商店。这些商店不仅提供了从建房到铺路,从装修到修补,从农场围栏到畜牧养殖等应有尽有的材料、工具和设备;而且还经常在店里开设讲座,请专家现场详细讲解如何自己装修建房。讲座多针对一个具体项目展开,如怎样建露台和天棚,或如何打磨和刷漆。不少建材商店还有自己出版的如何动手的图册,一步一步地教你自己动手的步骤。如修建露台,书中从打地基测量开始到如何下料,用什么工具,如何吊线测水平,怎样切割木料,如何钉钉子、卯榫,又如何抛光、上漆等,图文并茂、简洁直观,确实很实用,而且让人觉得自己干也不难。你买建材时,店员还会为你介绍在价格和质量上最适合你的产品。他们的建议往往会让你受益匪浅。

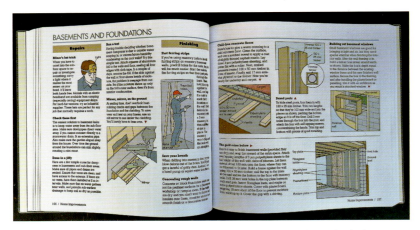 

Bunnings Warehouse 建材店出版的自己动手装修房屋的 2,000 多个窍门图书。有时这种书还是免费的。

笔者有一次家里的水泵不工作了,就打电话给修理公司,接电话的是一位女士。她在问明情况后说,看来是虹吸问题,你自己先试着修复。她通过电话指导我拧开水泵上一个放气的螺丝帽,并叫我往里面灌水到满,然后将螺丝帽拧回,再开启开关,果然水泵工作了。然后她说,我们去了也是这样干,5 分钟也用不了,出趟车就 100 多纽币,你自己能干就不用花钱了。她的帮助不仅让我也 D.I.Y 了一下,更让我体会到新西兰助人为乐的企业精神。

据 2016 年统计新西兰全国人口不到 470 万,但在各个领域里的建树令人刮目相看。人类第一个登上珠峰的是新西兰人 Edmund Hillary。那是在 1953 年,当时新西兰才有约 200 万人口。1900 年在自行车厂工作的 Ernest Godward 为太太做蛋糕发明了打蛋器。1956 年新西兰医生 Colin Murdoch 发明了一次性塑料注射针管。20 世纪 60 年代,世界上第一个按键电门开关由新西兰 PDL 公司推出,改变了以往的拉线开关,让人们的生活更方便安全。1884 年,新西兰的裁判 William Atack 第一次在赛场上使用裁判哨。这以前,裁判都是靠叫喊来裁决比赛的。从此,在赛场上使用裁判哨成为常态。

2015 年新西兰人 Glenn Martin 发明了世界上第一台背包飞行器。它的飞行距离是 30—50 公里,时速最高可达 74 公里。新西兰工程师 Bill Hamilton 于 20 世纪 50 年代发明了世界上第一艘 Jetboat 喷射船。自动平衡轮椅车也是新西兰设计师 Kevin Halshall 研发出来的。它不需要双手控制,使用者只要往哪一侧倾斜,它就会向哪一侧转向或前进,无论沙滩还是山路都畅通无阻,方便了残疾人。奥克兰大学的衍生公司 Stretch Sense 研发出了人体充电器,人们只要走路带上它靠踩压将机械能转化为电能就可以充电,人们出门再也不怕手机没电了。2015 年新西兰人 Mark Davey 和 Frantisek Riha-Scott 发明了轻薄防漏尿内裤。

上图为行驶在奥克兰市Quay St街上的啤酒自行车。摄于2018年3月。

　　啤酒自行车配备十几个人的坐椅和吧台以及脚踏板和啤酒桶，还有一个啤酒开关龙头，大家一起骑行，其中一人掌舵，一人把持啤酒开关龙头，给大家斟酒。它也是奥克兰海港的一个旅游项目。新西兰人爱好自己动手，连交通都网开一面，喝着酒也能驾车上街，还是集体的。

鱼竿从打开的窗子中伸出来，飘扬的旗帜还有一面写着"for sale"（出售），这激起了当地人的兴趣。

三名男子都来自Waiuku，名叫Matthew Douglas、Darrin Burns和Willy Timmins。2016年，他们发现了一个废弃的房车，于是就开始了自己的计划。

Burns是一名机械师，和朋友们一起，他们花了6个星期，把房车变成了船。

房车船时速可达15海里，可以接到车上，用内部的一个方向盘来操控。为了增加浮力，他们还在船上加了泡沫塑料。

　　2018年10月4日新西兰中文先驱报报道：新西兰人Matthew Douglas、Darrin Burns 和 Willy Timmins 三人将车改造成钓鱼船。

cnzherald.com　　☰
新西兰先驱报中文网

开着房车下湖钓鱼，这场景也太新西兰了吧！

By 新西兰先驱报中文网
2018-10-04 14:39

 钓鱼　　 f

他们花了6个星期，把房车变成了船！

图片来源：NZ Herald

新西兰华人发明智能头盔 能听歌聊天紧急求助

2018年03月29日 09:38　来源：中国侨网

（新西兰天维网图片）

　　中国侨网3月29日电 据新西兰天维网报道，新西兰和澳大利亚是世界上仅有的两个强制要求骑行者使用头盔的国家。然而，现代骑行头盔标准从上世纪七十年代被固定下来至今，一直没有什么革命性的突破。于是一个长期新西兰学习生活经历的自行车华人爱好者Brian Zheng发明了一个新东西。

　　入乡随俗。新西兰的华人也在逐渐培养自己动手的能力。据中国侨网2018年3月29日报道：最近发明智能头盔的新西兰华人郑波认为他的发明灵感来自新西兰。是在新西兰的学习和生活造就了他。

　　新西兰人喜欢自己动手除了源于习惯和爱好外，与人少、请人难和人工贵也有一定关系。再者很多"贵族运动"如高尔夫球、游艇、帆船、舢板和水上摩托等在新西兰已经平民化了。一些外国人坐飞机到新西兰就是为了打高尔夫球，如中国人和韩国人等。他们说在新西兰打几场高尔夫球，所有费用加来回机票比他们在国内打还便宜，而且这里球场、天气和地况条件都非常适宜。

The Rutherford Engine（拉瑟福德火箭发动机）是以核裂变之父新西兰人 Ernest Rutherford 命名的液体推进火箭发动机。它以简单便宜和更具有商业价值著称。它也是首例电动冲程火箭发动机。它是新西兰 Rocket Lab 火箭研发室研发的，并于 2017 年 5 月 25 日在新西兰发射成功。火箭研发室的奠基人 Peter Beck 说："在 2006 年，我意识到大的公司绝不会冒如此大的风险，但小公司可以，所以我开始了这方面的研发。"

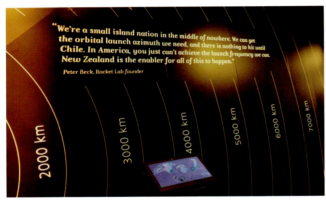

"我们是远离世界中心的小岛国。我们可以找到最好的发射角度……在美国你也不可能像我们这样频繁的试射，但新西兰将这一切变为可能。"预计至 2020 年达到每周发射一次。

"发动机测试失败后，我们除了工作，还是工作，每个周末仍在工作，我们就睡在工厂的地板上。我们再造的发动机不知要比先前的好多少倍。"

航空、运输科技博物馆的 Innovation 发明创造馆进口处的说明：新西兰是个年轻的国家，它远离世界中心，人口稀少，但我们理想远大。发明创新植根于我们的文化。我们的祖先远渡重洋来到这里，一代一代地创建着新西兰的辉煌和未来。世界在高速地发展，新西兰人必须坚持创造发明。

新西兰的第一

　　新西兰人虽少，但排名世界第一的真不少，从国家到个人，从科研到体育，从政经到文教，从女权到 8 小时工作制，几乎无所不在。

　　新西兰多次被评为世界上最清廉的国家，最方便、最适宜开展生意的地方。根据世界银行发布的《2019 经商环境报告》显示，新西兰的从商优越性在 190 个国家中排名第一。在新西兰成立一家公司的成本全球最低。在 2018 年 OECD 世界经合组织公布的来自 Legatum 伦敦智库的报告中，新西兰又被评为世界上教育状况最好的国家。报告说他们考察的不仅是学术能力，更看重学生解决问题的能力和应对未来变化的能力。新西兰在全球繁荣指数的评选中也多次名列榜首，理由是：新西兰在将财富兑换成繁荣方面拥有独一无二的能力；其在经济质量、社会资本、商业环境、政府水平和个人自由等方面都有杰出的表现。新西兰的奥克兰市又多次被评为最适合人类生活和居住的城市。新西兰还是世界上第一个允许妇女投票的国家 [14]，也是第一个和中国建立自由贸易的国家 [15]。8 小时工作制也是新西兰人争取来的。1840 年，惠灵顿的木工 Samuel Parnell 拒绝每天工作超过 8 小时。他对他的老板说："我会很好工作的，但前提是每天工作不超过 8 小时。一天 24 小时，其他 16 小时，8 小时用来睡觉，另 8 小时用来娱乐和做其他事情。"1840 年工人们在一次会议中表示支持这个提议，集体要求每天 8 小时工作权力。由此新西兰成为第一个获得 8 小时工作制的国家。第一个登上珠穆朗玛峰的人也是新西兰人。[16]

　　新西兰虽是禁核的国家，但核裂变之父也是新西兰人。第一个登上珠峰的人 Edmund Hillary 的头像被印在新西兰 5 元的钱币上，而核物理之父 Ernest Rutherford 在 1908 年荣获诺贝尔化学奖，他的画像印在了新西兰最大面值的百元大钞上 [17]。

---

　　14. 1893 年作为英联邦自治国家的新西兰成为第一个允许妇女投票的国家。在其带动下，英国（1911 年）、美国（1913 年）、德国（1914 年）、法国（1935 年）才允许妇女投票。

　　15. 2008 年新西兰和中国签订自由贸易协定。由此新西兰成为世界上第一个与发展中国家签订自由贸易的发达国家。以后澳大利亚、韩国和美国等才相继与中国签订自由贸易协定。

　　16. Edmund Hillary 生于 1919 年 7 月 20 日，卒于 2008 年 1 月 11 日。他于 1953 年 5 月 29 日登上世界最高峰珠穆朗玛峰（Mount Everest），成为世界上第一个登顶珠峰的人。

　　17. Ernest Rutherford (The Lord Rutherford of Nelson) 生于 1871 年 8 月 30 日，卒于 1937 年 10 月 19 日。新西兰出生的物理学家，被誉为核裂变之父。他首先提出放射性半衰期，是世界上第一个进行核裂变的人，曾荣获 1908 年诺贝尔化学奖。

2019年英国利物浦世界篮网球赛。电视截图。

2019年7月22日颁奖现场。新西兰队获冠军。电视截图。

新西兰人在体育方面更是硕果累累，如美洲杯帆船赛冠军、世界铁人三项赛冠军和橄榄球世界杯赛冠军；世界上第一个在3分50秒内跑完一英里的人也是新西兰人[18]。其他体育运动，如舢板、皮划艇、铅球、游泳等更是在奥运会上屡建奇功。神奇的是，绝大多数新西兰的运动员都是兼职的。如Danyon Loader，他是个去美国留学的新西兰人，他参加奥运会的经费还是社会募捐加上他自己的积蓄；但他却在1996年奥林匹克运动会上一人独得200米和400米自由泳金牌。新西兰国家足球队，All Whites（全白队）基本上是兼职球员，但他们在世界足球史上仍然创出奇迹。在2010年南非举办的第19届FIFA World Cup（足球世界杯）上，新西兰足球队成为唯一一支在小组三场赛中保持不败的球队。他们与世界强队意大利队也打成了平局，不幸的是，他们还是成为首支打道回府的球队。这不仅创造了世界杯的纪录，也成为世界杯的美谈。

2019年7月22日在英国利物浦举行的2019年世界篮网球赛中，新西兰Silver Ferns（银蕨女子篮网球队）赢得了世界杯冠军，同时终止了澳大利亚连续4次取得世界杯的纪录。一个不足500万人口的小国，却打败了拥有6000多万人口的英国和拥有2000多万人口的澳大利亚，确实让人震惊。

照片为Lisa Carrington 2018年8月在葡萄牙举行的世界短距离独木舟200米比赛上冲刺到达终点的镜头。电视截图。

---

18. John Walker 1975年8月12日在瑞典跑出1英里3分49秒4的成绩，打破了当时的世界纪录，并被评为当年最佳体育人物。

生于 1989 年的新西兰 Canoer 独木舟选手 Lisa Carrington 至今已获得过 18 个世界级比赛的奖牌，包括奥林匹克两枚金牌和一枚铜牌，10 次世界独木舟锦标赛冠军和 5 枚银牌以及 3 枚铜牌。因独木舟和皮划艇等运动都是坐着的，有人开玩笑地说，新西兰人坐着都拿奖。2018 年 8 月在葡萄牙举行的世界短距离独木舟 200 米比赛上，Lisa 又第一个冲过终点。她和队友还多次取得团体和双人比赛的冠军。

新西兰人拥有超过 100 项的吉尼斯世界纪录。新西兰虽然人口少，但连打架冠军都有新西兰人。Robert Whittaker 是 Ultimate Fighting Championship (UFC) 的 Middleweight Champion 综合格斗中量级冠军。他在 2018 年 6 月 9 日的冠军保卫战中面对的是有着"空中死神"称号的 Yoel Romero。他是一个谁都不愿碰到的对手。Yoel Romero 曾获得过无数奖牌，包括 6 枚世界摔跤冠军金牌和奥运奖牌。

Yoel Romero 2009 年转战 UFC 后绞杀了多名 UFC 赛场上的英雄豪杰。他的爆发力和速度以及抗打击能力几乎无人可比。他能跳到近乎 2 米的高度飞膝踢腿。在这次维护自己荣誉的比赛中，Robert 两次被 Yoel Romero 打出的重拳击中头部险些失去平衡晕倒，但他顽强地站住了。在第二次被击中头部的同时 Robert 挥出的同样力大无比的重拳也击中了 Yoel Romero 的头部，这一击不仅阻止了 Yoel Romero 的继续攻击，还给 Yoel Romero 造成了身体和心灵上的巨大威胁，同时为 Robert 取得最后的胜利奠定了基础，而 Robert 为此付出了大拇指粉碎性骨折的代价。

天空城用华人做蹦极广告宣传。

准备从塔尖跳蹦极而下的人们。

1987 年新西兰人 A.J. Hackett 从埃菲尔铁塔一跃而下，震惊世界，从此 Bungy 蹦极运动风靡世界；新西兰由此也成为蹦极之乡。照片为奥克兰天空塔的蹦极活动。

最干净美丽的小首都

　　新西兰的 Wellington（惠灵顿）市以最美丽的小首都闻名于世。它不仅美丽、干净，而且充满艺术气息。世界上最著名的电影后期制作公司，威塔工作室和威塔数码也坐落在首都惠灵顿。除了小以外，和奥克兰最大的不同是：它不仅是山城，也是风都。这里不仅风大，道路也狭窄弯曲，市区里更有多条单行线。这里的建筑，特别是居民住宅不如奥克兰的亮丽豪华。惠灵顿的人口虽然只有40多万，约是奥克兰人口的四分之一，但市区看上去比奥克兰繁华。

污染：惠灵顿的洁净程度全球排名第1。根据大惠灵顿地区议会过去一个星期统计数据，惠灵顿市区的平均PM10指数为8.23，PM2.5指数为2.72。

来源 - 新西兰先驱报中文网

　　2018年新西兰先驱报报道：首都惠灵顿被评为全球最洁净的城市。它还是新西兰第一个 Nuclear-free Zone 禁核城市。1982年新西兰政府宣布惠灵顿禁止任何核工业、核设施，包括禁止任何携带核燃料的飞机、船舶进入新西兰海域或领空。5年后，于1987年立法，扩展到全国，新西兰成为西方联盟国家中的第一个禁核国家。

　　惠灵顿拥有很多各式各样的艺术馆、文化馆，人们的打扮也比奥克兰前卫。此照片装扮惊人的是惠灵顿城里酒吧的看门人。

　　这里周末的傍晚人头攒动，酒吧、餐馆、夜市、商店、影院和街上处处是人。这可能与它的政治和地理原因有关，如它的商贸中心都集中在不足2平方公里的市区，同时首都也没有吸引人们前往的赌场。相比之下奥克兰人的很多娱乐活动是在赌场里完成的。

　　惠灵顿街上有很多颇具艺术性的壁画，城市文艺气息也要比奥克兰浓厚。

　　站在 Museum of New Zealand Te Papa Tongarewa（新西兰国家博物馆）门前的广场上眺望惠灵顿市区。新西兰国家博物馆以毛利语 Te Papa 著称，意为"我们的宝库"。

　　　　　　　新西兰的国会大厦，俗称 Beehive（蜂巢）。议员开会时，人们可以参观聆听。

　　世界上最著名的影视制作中心威塔工作室的入口。

国 球

　　新西兰的体育运动值得称道，尤其是多次获得世界橄榄球赛冠军。说橄榄球是新西兰的国球一点不为过。

　　橄榄球比赛基本上分 Rugby（也叫 Rugby Union）、Rugby League 和 Rugby Sevens 赛。新西兰人在这三项赛事中都有突出的表现。新西兰的 All Blacks（全黑队）在 Rugby 的比赛中，是获得世界冠军最多的球队之一。

　　Warriors（勇士队）是新西兰 Rugby League 的王牌。 新西兰的 All Blacks Sevens（7 人全黑橄榄球队）也多次获得世界冠军，2018 年排名世界第一。 Rugby 和 Rugby League 最大的不同是在人数上，Rugby 场上有 15 名运动员，Rugby League 只有 13 名运动员。另外，Rugby 和 Rugby League 的比赛规则也略有不同，如 Rugby 没有 Tackle 阻截次数，而在 Rugby League 的比赛中，一方被阻截 6 次，还没有得分，就要交换发球权，然后由对方开始组织进攻。

　　新西兰的女子橄榄球和女子足球也都有上乘的表现。橄榄球在新西兰就像乒乓球在中国一样，是新西兰的国球。一般橄榄球比赛都有啦啦队，她们全由美丽活泼的年轻女子组成，服装动作统一，舞动着与所支持的球队衣服颜色一样的毛茸茸的彩球助阵，成为赛场亮丽的风景线。

摄于奥克兰 MT Smart Stadium 运动场。2018 年 5 月 26 日。

　　2018 年 5 月 26 日新西兰 Warriors（勇士队）和澳大利亚 Rabbitohs（兔子队）Rugby League 的比赛。摄于奥克兰 Mt Smart Stadium 运动场。该场馆为新西兰主要运动场和各类大型文艺演出场所。除举办大型体育赛事外还举行大型文艺演出和晚会等。如著名歌唱家 Michael Jackson（迈克尔·杰克逊）和 Adele Laurie Blue Adkins（爱黛尔·阿德金斯）等都曾在此演出过。

摄于奥克兰 Eden Park 橄榄球比赛场。啦啦队正在为 Auckland Blues（奥克兰橄榄球蓝队）助阵。1996 年。

在重大的国际橄榄球比赛中，一般开场前，双方队员会在儿童——伴随下跑步入场，然后分列两边，接着由著名歌唱家演唱参赛国国歌。新西兰队在开赛前还会跳 Haka 毛利战舞。

这是澳大利亚著名女歌手 Maybelle Galuvao，2018 年 8 月 18 日在澳大利亚国家橄榄球队和新西兰国家队之间的比赛现场唱新西兰国歌。现场转播截图。

在儿童引领下入场的新西兰橄榄球队员与歌唱家 Maybelle Galuvao 一起高唱新西兰国歌。2018 年 8 月 18 日。纽澳橄榄球大赛现场直播截图。

在 2018 年 8 月 18 日的女子橄榄球比赛中，裁判跌倒，可见比赛之激烈。电视转播截图。

新西兰黑蕨队在终场哨响后，庆祝胜利。电视现场直播截图。

2018 年 8 月 18 日在悉尼 ANZ 运动场同时举办澳大利亚对新西兰女子和男子英式橄榄球比赛。先举行的是女子比赛。新西兰国家队 Black Ferns（黑蕨队）以 31 比 11 战胜世界强队澳大利亚国家队。

就在新西兰国家女子橄榄球队以巨大的比分屠城了澳大利亚国家队后不到两小时，在同一场地，新西兰国家男子橄榄球队 All Blacks（全黑队）又以 38 比 13 的成绩血洗了澳大利亚国家男子橄榄球队。但这次比赛赢得并不轻松。比赛一开始，澳队就先声夺人，以 6 比 0 的比分领先新西兰队，直到上半场结束前，新西兰队才首次得分，但中场休息时仍然以 6 比 5 落后于澳大利亚队；而且比赛是在澳洲本土，场上的观众席上有 90% 的人是澳洲队的球迷，助威之声，震耳欲聋。但下半场新西兰全黑队开始了疯狂的反击，掌控全场，再次创造奇迹。

2018 年 8 月 18 日。纽澳橄榄球大战现场直播截图。

新西兰对橄榄球运动员非常尊重，还为他们出版纪念币。上图是 15 位全黑队队员的纪念币。

　　新西兰只有 400 多万人口，却在这项世界公认的最激烈、最残酷的运动中屡创佳绩。橄榄球被新西兰人认为是儿童和青少年最好的运动。在新西兰举行的每场橄榄球比赛，都是由儿童引领运动员入场，这几乎成了固定的入场式。橄榄球于 1823 年在英国一座叫 Rugby 的小城创立。起因是当时小镇上的一个孩子在足球场上捡起足球抱着跑，正是因为这次不范规的举动，却创立出一个新的体育运动项目。后人称这项运动为 Rugby Football，英式橄榄球，与传统上的英国足球Football 即 Soccer 有所区分。它于 1870 年引进新西兰。新西兰国家队成立于 1893 年。英式橄榄球被认为是世界上所有体育运动中对抗性最强的，也是最容易受伤的运动。它比拳击和摔跤等运动都要激烈和危险。和美式橄榄球不同的是，英式橄榄球运动员不穿戴任何防护，就是靠身体的跑动和激烈碰撞、拦截得分；当然运动员除了强魄的体力和坚强的毅力外，还要有高超的控球、传球和踢球的技能。

社风和习俗

Can I … Please … Thanks

　　刚到新西兰时，发现这里的人很谦卑，干什么事，买什么东西都要问人家可以不可以。帮你办事，为你开门，还要谢谢你，跟他们欠你什么似的，又好像他们做错了什么，唯唯诺诺的。后来才发觉那是他们养成的文明礼貌习惯。我在中国时习惯直来直去地办事和购物，如到商场，会向服务员喊，喂！给我拿这个，给我那个看看；或说我想买这个，我想买那个。办事时也总是说，我想干这个，我想干那个。但在新西兰，如果你在表达你想干什么、你想要什么的时候，之前如果不加一个请求的口吻，人们会认为你没有礼貌、不文明。如到麦当劳，你想买一个鸡汉堡包的话，你要说：Can I have a chicken burger（我可以买一个鸡汉堡包吗）？一定要"Can I…"，一定要问"可以不可以"。如果你说："I want to buy a burger（我想买个汉堡包）。"这句话的文字和语法一点错都没有，但它是典型的中文思维直译，不是地道的英语，甚至可以说它根本就不是英语；因为它没有语言依托的文化和风俗内涵，而且母语是英语的人从来不这么说。理论上讲，你是顾客，你是上帝，你花钱买东西，别人高兴还来不及呢，哪里有不卖的道理？但这就是约定俗成，这就是新西兰的习俗。

　　这里的人们还习惯为走在后面的人开门和把住门，特别是对妇女儿童。一来怕门的回弹伤人，二来是给人以方便。你为别人开门，别人谢谢你，你也要谢回去，如回答什么"You welcome（您是受欢迎的）""My pleasure（为您服务我很高兴）"等。基本上任何时候，办了什么事都要"Thanks（谢谢）"。别人跟你借东西，或要求什么时，你要说"Please（请）"，好像是你在请求别人。别人为你提供什么，或说什么，如果你不喜欢，你也要"No, thanks"，在"不"后面加个"谢谢"。

　　新西兰的早期移民和到这里时间较长的新移民大多也已习惯了这里的礼仪和习俗，耳濡目染，他们也变得谦恭起来。记得那是 1995 年的事。那时，我正在 The University of Auckland（奥克兰大学）读书，我习惯坐在大学图书馆的三楼复习功课。图书馆的每层楼梯的中间是厕所，一层男厕，一层女厕，很有规矩。复习功课的时候，我几乎每天出了三楼的图书馆阅览室，就直奔楼上的厕所方便。一天，在三楼阅览室我实在找不到座位了，就坐在了二楼的阅览室。复习期间，又习惯地上楼推开厕所的门，吓了我一大跳，迎面出来了一位金发碧眼的姑娘，她微笑地跟我说："男厕在楼下。"我的心都跳到嗓子眼儿了，当时就想，如果这事发生在其他国家，我会不会被人送到警察局，以流氓罪论处也未可知。但那位年轻美丽的姑娘似乎十分了解我一定是读书过了头。这里大多数人在事情发生时，都会把人往好的地方想。良好的社会风气和法律制度让人们心灵充满光明。

　　环境可以造就人，环境也可以改变人。入乡随俗是必需的。新西兰信仰自由，你可以信基督教，也可以信佛教、伊斯兰教等。有的教会很特别，不仅有自己特殊的规定，就是有违常理的事也时有发生。新西兰是个讲自由的国度，但你要干什么？你想做什么？又如何选择？一定要慎重，一定要把握好。你做的事你负责，你的人生你做主，你的道路你选择。这就是新西兰社会的基本法则。

著称于世的步道

　　新西兰是最适合徒步的国家。每条步道都呈现出不同的风光：有鸟语花香的区间步道，有原始的丛林步道，有崎岖蜿蜒的海滨步道，有巍峨连绵的山脉步道；有的往返只需一两个小时，有的需要几天才能走完。政府每年都投资大量的钱修建步道，特别是各区之间的 Bush Walks / Walking Tracks 林间步道。步道两头还多设有简单的儿童游乐场。它是居民早晚散步、遛狗和骑车及跑步健身的好去处。虽然看上去使用步道的人并没有想象的多，但从长远来看，却是一项利国利民的事。

　　连接奥克兰 Albany 区和 Greenhithe 区的步道。来回约一个多小时，道旁有林荫，中途间接设有供人们小憩的座椅，适合徒步爱好者来此健身。

　　通过走奥克兰海边的 The Foreshore Heritage Walk（前滩历史步道），不仅可以健身，还可以欣赏到城市、海湾、住宅、公园和码头的景色；从中了解 1840 年至今奥克兰海边和城市变迁的 25 个景点。这里的路标牌上不仅有路线图，还有历史介绍，并配有图片。

看来庞物狗也习惯来这里了。

奥克兰高速公路旁的步道。

前滩历史步道指示牌。

步道四通八达。这是 2010 年修建的连接步道和海港的跨高速公路步行桥。

1962 年时的木制步行梯。

现在的铝合金步道梯。

摄于政府在奥克兰新建的小区 Hobsonville 修建的海滨步道。2018 年 12 月。

Ongaroto Stairs 阶梯在 Atiamuri Whakamary Dam Track 步道的入口处，地处 Waikato River （怀卡托河）河畔。

步道梯子入口处设有警示牌，不仅提醒人们注意安全，还附有求助电话和坐标点的号码，便于人们求助。因新西兰人少，也许此时使用步道的就你一个人，你也可据此联络救护人员。怀卡托河虽然只有 425 公里长，但它却是新西兰最长的河流。它发源于北岛的 Mount Ruapehu（鲁阿佩胡山），流经新西兰最大的湖泊陶波湖后，一路向北，最后从奥克兰南端 Pukekohe 镇的 Port Waikato 处流入塔斯曼海。Waikato 一词来自毛利语，意为"流水"。

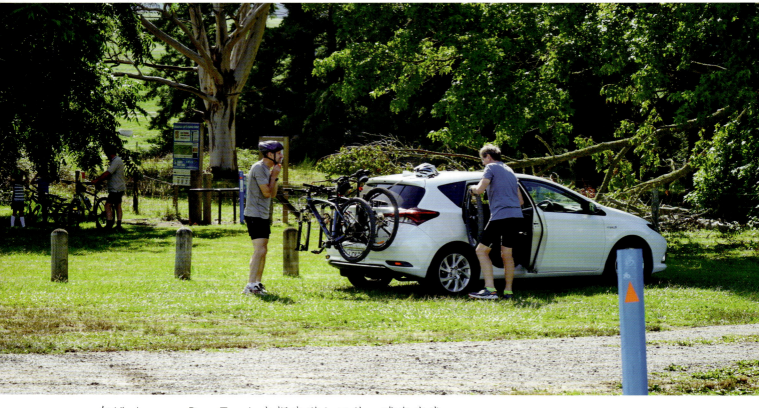

在 Whakamary Dam Track 水坝步道入口处，准备出发。

　　新西兰的步道多数也可以骑自行车，而专为自行车设计的旅游专道则显得更长，遍及全国。你经常在路上可以看到汽车顶上放着自行车或车尾挂着自行车，那些大多是开往自行车专道健身或观光者。

摄于新西兰 23 号国道。

步行时看到的沿途的 Whakamary Dam（水坝）前的 Lake Whakamary 湖。

AA（New Zealand Automobile Association）新西兰机动车协会还为骑行者出版了骑车专道指南。指南中不仅用地图列出全国主要自行车专道，还对每一条专道沿途的风土人情做了详细介绍。

New Plymouth(新普利茅斯)市的Coastal Walk(海滨步道)是当地政府最近投资兴建的重点项目。特别是千禧年前后。

它不仅成了新普利茅斯市的地标性建筑，而且成为人们休闲娱乐和聚会的好场所。即使有的步道很宽，也不许汽车通行。

左图是新普利茅斯市的海滨步道穿过马路通往市区的地下通道。

新西兰是世界上第一个迎接日出的国家。照片为新普利茅斯市点亮千禧年的第一盏灯。

灯标下的说明：新普利茅斯市是世界上第一个看到 21 世纪曙光的城市。

奥克兰 Mangere Bridge 区的海滨步道。

Waitomo Caves（萤火虫洞）旁边的翻山步道将旅游点和住宿餐饮点连接起来。

从萤火虫洞的翻山步道一出来看到的儿童游乐场。

有人把 Waitomo Caves（萤火虫洞）列为世界级景观。到了洞里分不清是在天上还是在地下。时而像遨游在辽阔的太空，时而像潜入无底的深渊。称其为梦幻之旅丝毫不为过。

　　萤火虫洞入口处。Waitomo 一词来自毛利语。Wai 意为水，tomo 意为洞。Waitomo 就是水流穿过的洞穴。100 多年前人们才发现这个洞穴。这种风格的毛利雕塑在新西兰各地随处可见。

　　距 Goat Island（山羊岛）不远的 Ti Point Walkway 步道，可能是笔者走过的比较艰难的步道。路上有的地方是悬崖上的羊肠小道，有的台阶就是沿路长出的树根，还有要弯腰穿过大树的枝杈，但沿途风光奇特迷人。

新换的过桥木栏，说明步道虽然"凶险"，但有人照看，且维修及时。

步行到半路的旅游者，抱着孩子就下海了。

沿途看到的钓鱼者。

遇到满载而归的渔船。

摄于 Ti Point Walkway 步道入口处的码头。

坐落在岛屿湾新西兰第一个首都 Russell 镇的海中步道。涨潮时，步道刚刚高过海水，步行者像在海水中行走，十分有趣。

奥克兰 The Nelson Street Cycleway，通常称为 Lightpath 彩虹步道，是奥克兰市政府和市交通局倾力打造的。从设计到完工仅用了一年半的时间。

彩虹步道主要是以一条通往市中心的废弃的高速公路架桥为主体建立的。它连接奥市中心西端的主要街道，并将城里的多条步行和自行车道连接起来，跨过高速公路通往海港。这不仅方便徒步一族、骑行爱好者出行，也为城里的人们提供了一个傍晚休闲散步的好去处，同时美化了市容。它建成于2015年底，建成后获多项国际大奖，如Excellence Award in Public Works Australasia（澳大拉西亚公共设施优秀奖），Supreme Award in Bike to the Future Awards 2016（自行车道未来超级2016年奖），World Architecture Festival 2016（世界建筑节2016年奖）等。它的建成与海港大桥的灯光秀交相辉映，确实成为奥克兰市里一道亮丽的风景线。

新西兰的步道以设计独特，景色优美，适宜锻炼、休闲著称于世。新西兰的很多步道不仅成为旅游杂志、挂历的封面，而且很多徒步爱好者不远万里来到新西兰，就是为了能在那壮美的山林中漫步和领略那迷人的海岸风情。由于外国游客的大量涌来，新西兰很多著名的步道开始收费和加收费用。尽管如此，这些费用也无法弥补新西兰政府对步道的投资。如政府保育部对南岛Milford Track（米佛峡湾步道）等9大步道的投资每年就超过380万纽币。

北岛 South Waikato（怀卡托南部）的蓝泉步道。

南岛 Cardrona Valley
（卡德罗纳山谷）步道。

奥塔哥 Tunnel Beach
（隧道海滩）步道。退潮
时可以通过隧道下到海滩
上观看绮丽的礁岩。

Mangawhai Heads - Northland   Photo courtesy of Catered Coast Walks

台历上的北岛 Mangawhai Heads 区海边步道。

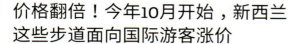

价格翻倍！今年10月开始，新西兰这些步道面向国际游客涨价

By 新西兰先驱报中文网
2018-06-02 14:58

旅游　国际游客　

据悉，增加的费用旨在帮助保育部（DOC）维护步道和控制游客数量。

新西兰先驱报中文网 Renee 编译 作为10月份开始的试验的一部分，国际游客将为新西兰四大著名步道中的小屋和露营地支付大约两倍的费用。

据悉，增加的费用旨在帮助保育部（DOC）维护步道和控制游客数量。

受到涨价影响的步道包括：Milford, Kepler, Routeburn 和 Abel Tasman Coast 步道。

Stage 4: Dumpling Hut to Sandfly Point

Time: 5.5 – 6 hours

The last leg of the Milford Track is an 18km walk to a shelter on Sandfly Point. The tramp takes most people between five and six hours, and if you plan to meet the 2 pm launch to Milford, you should be out of Dumpling Hut no later than 8 am.

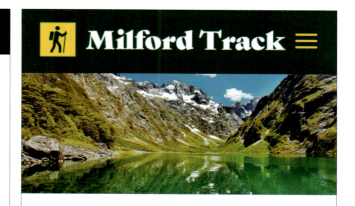

Milford Track

Once described as the finest walk in the world, the Milford Track is one of New Zealand's most popular walks, with approximately 14000 people completing the Milford track each year. This

Milfordtrack.net 截图。

Milford Track 米佛峡湾步道被称为世界上最好的步道，也是新西兰最热门的步道。它全长53.5公里，每年大约有14,000多人走完全程。

价格变化如下：

对于国际游客（包括儿童），Milford Track步道上的小屋价格将为每晚140纽币；the Kepler 和Routeburn步道则每晚130纽币；Abel Tasman Coastal Walk每晚75纽币。

对于新西兰本地人，Milford Track步道上的小屋价格每晚仍然为70纽币；Kepler 和Routeburn步道每晚65纽币；Abel Tasman Coastal Walk每晚38纽币。

18岁以下的新西兰人将继续免费。

来源 - 新西兰先驱报中文网

米佛峡湾步道，大约要四五天走完。沿途风光旖旎，气势磅礴。结伴而行是最好的选择。

143

新西兰人喜欢步行锻炼，由此还生出了专有名词 Tramping。 Wikipedia（维基百科）对 Tramping 的 解 释 是："Tramping, know elsewhere as backpacking, rambling, hill walking or bushwalking, is a popular activity in New Zealand. Tramping is defined as a recreational activity involving walking over rough country." Tramping 在其他地方指背包旅行、漫步、爬山或是丛林步行，在这里指新西兰的一项大众活动，是一种遍布全国的在山峦起伏的崎岖不平的道路上健身的徒步活动。新西兰各地有很多 Tramping Group 徒步组织。不少人定期一起徒步锻炼或徒步旅行。很多是以居住地区为核心，大家一起完成一段路程。有的是以族群为主。现在中国人也跟上来了。

中国徒步组织通告截图。

　　奥克兰的一个中国人的徒步组织用微信群联络。每个周末大家一起徒步锻炼。主要是围绕奥克兰不同地区的步道锻炼，有时也组织去较远的地方。参加者自愿，不强迫每次参加。每周活动前微信发布通告，对活动说明非常详尽。不仅活动地点有图示，对环保和安全更是重点强调。如叫大家预先下载路线图，因当地手机没信号，进入步道前要求喷洒药水清洗鞋底等。还为无车和喜欢拼车的会员提供联络人及联系方式。

新西兰政府计划在未来三年投入 3.9 亿纽币用于全国自行车道和步道的整修工作。可见新西兰政府是多么重视自行车道和步道的建设，但也有不少市民反对，认为这些钱应该用在改善贫困地区的基础建设方面。

上图为公园各处都树立着预防枯死病的警示牌。

Kauri（贝壳杉）是新西兰森林主要保护的树种。它很容易染上枯死病。新西兰最大的贝壳杉有着 Tane Mahuta（森林之王）的美誉。其高度超过 50 米，树围近 14 米粗。它已有超过 2,500 年的树龄。它就受到枯死病的感染，政府现正在全力拯救并已禁止人们参观。

上图为生长在 Hunua Ranges Regional Park 森林公园中的贝壳杉。

摄于奥克兰 Hunua Ranges Regional Park 森林公园。很多森林公园在进口处都设有为游人和徒步者鞋底消毒的器械和药水。步道各个进出口也都设有消毒器械和药水，其中有些地方有工作人员服务，有些地方则要求进入者自行喷射消毒水，谨防病毒的扩散。新西兰对环境的保护十分重视。

奥克兰市政厅的月刊 Our Auckland(《我们的奥克兰》)2019 年 2 月号中对奥克兰步道进行推广，并鼓励市民使用步道。

摄于北岛 Matapouri 海岸。Matapouri 海岸步道通往著名的观光景点 Mermaid Pool(美人鱼池)。2019 年 6 月。

拖鞋文化

人字拖，即 Jandals[19]，虽然起源于日本，但新西兰人比日本人更爱人字拖。从 20 世纪 50 年代第一批橡胶人字拖在新西兰生产以来，就风行全国，经久不衰，有国鞋之美称。

The Three Sisters Beach（"三姐妹"海滩）旁的度假屋门前的人字拖鞋装饰。

在北岛 Tauranga（陶朗加）的 Mount Maunganui Mauao 山间步道围栏上挂满了 Jandals，形成了和文胸围栏一样有名的观光点——Jandal Fence（人字拖鞋墙）。

上图为 Bras Fence（文胸围栏）。它位于南岛皇后镇和 Lake Wanaka（瓦纳卡湖）之间的 Cardrona Valley（卡德罗纳山谷）。文胸多时有 10 多万个，大多是旅游者即兴挂上去的。围栏中间设有为乳腺癌患者捐款的钱箱。

---

19. Jandal 一词，有一说是 Japanese Sandal（日本凉鞋），人字拖的缩写。曾有争议，这个词是通用术语还是商标名称。1963 年它被注册为商标。

Lake Taupo（陶波湖）边的人字拖鞋艺术装饰。

　　在新西兰几乎人人都有人字拖，而且他们会在各种场合骄傲地穿着。有人开玩笑地说，你如果坐飞机到新西兰来，中途不知道如何换乘飞机，跟着穿大裤衩和人字拖鞋的人走准没错。新来的亚洲移民还不太适应穿人字拖，一来，他们觉得不太方便，也不雅观；二来，大多时候他们觉得穿人字拖脚会冷。但他们的后代已适应和喜欢穿人字拖。有的甚至和这里的岛民一样，无冬历夏的一直穿人字拖。但总穿人字拖，也有遇到麻烦的时候。记得一次带孩子去饭店吃饭，来到门口却进不去，因为男士穿露脚的鞋，不让就餐。

　　距奥克兰约 70 公里的 Waiuku 小镇上的杂货铺用人字拖鞋为店标。

　　1994 年新西兰邮政局发行的新西兰 10 个象征套票中，鱼薯条和人字拖入选。

148

国食鱼薯条

　　新西兰人爱吃鱼薯条和热狗。不像法国、意大利、俄国、印度和中国等国都有自己独特风味的食品，新西兰似乎没有自己的传统食品；但新西兰人认为 Fish & Chips（鱼薯条），就是他们的国食。它不仅好吃、容易做，且方便、解饿、便宜。在新西兰几乎所有的地方都有卖鱼薯条的，无论大街小巷，还是边远地区；无论是圣诞游行、新年聚会，还是教会便餐、婚礼庆典，或是自由集市、小镇充饥；它都成了主打食品。虽然有人认为它是垃圾食品，但当地人却百吃不厌。鱼薯条简单方便好吃，确实很诱人。不少中国游客在新西兰的旅途中偶然吃一次，就爱上了它。

　　新西兰人胖子多，特别是太平洋岛民。据 2017 年底新西兰卫生部的调查显示，新西兰有大约 120 万成年人和 9.9 万 2—14 岁的儿童体重超标，约占人口总数的 32%。有人把这归罪于鱼薯条和汉堡包等快餐食品。

　　小夫妻在奥克兰 Ellerslie Racecourse 赛马场的 Boxing Day（节礼日）赛马日上，刚排队买到的热狗和炸薯条。他们要求我为他们留影。摄于 2017 年 12 月 26 日。

右图为旅游者在南岛 Omarama 小镇上的社区活动站享受新西兰的国食鱼薯条。

The Kiwi hangover cure: Best fish and chip shops in New Zealand revealed ...

31 Jul, 2018 4:32pm   6 minutes to read

"Well, let's dig in!"
-Okay!

McDonald's and KFC spend millions of dollars on marketing yet fish 'n' chips continue to be the fast food favourite.

By: **Heath Moore**
Social Media and Trending Reporter for the
nzherald.co.nz
heath.moore@nzherald.co.nz

新西兰 New Zealand Herald(《新西兰先驱报》) 2018 年 7 月 31 日以"新西兰最佳鱼薯条店"为题报道了新西兰 7 家最受欢迎的鱼薯条店。报道说，尽管麦当劳和肯德基花了几百万做市场推销，但鱼薯条始终是新西兰人最喜欢的快餐。

上榜鱼薯条店：

1. 新西兰旅游重镇罗托鲁瓦 Devon Sea Foods 鱼薯条。该店鱼薯条不仅新鲜、清脆，若顾客买的是家庭号鱼薯条，店里还会额外送一片炸鱼。

2. 陶朗加的 Bobby's Fresh Market 鱼薯条店是排队等待时间最长的店。有的顾客说不在乎等待，来此就是为了吃这一口。

3. 克赖斯特彻奇市的 Captian Ben's 鱼薯条店以慈善著称。店内 5 纽币的鸡汉堡分量大，味道鲜美。

4. 坐落在奥克兰东南部 Whakatiwai 滨海小镇上的 Kaiaua Fisheries 鱼薯条店面向大海，景色优美。这里的鱼薯条永远香脆适度，而且每份鱼薯条都在 100 克以上。

5. 但尼丁的 The Flying Squid 鱼薯条店用南岛最好的 Blue cod（蓝鳕鱼，又名笋壳鱼）炸制而成，味道鲜美。还配有 2 纽币的小套餐，适合学生充饥。

6. 奥克兰 Herne Bay 区的 Fish Smith 店，脆嫩咸度适中，当地有很多回头客。被 Metro 杂志（新西兰发行量最大杂志之一）评为 2018 年奥克兰前五名的鱼薯条店。

7. 奥克兰 Epsom 区的 Greenwoods Fresh Catch 鱼薯条店的老板夫妇都是最好的厨师。他们每天清晨到鱼市挑选上好的 Snapper（虹鳟鱼）炸制鱼条。也被 Metro 杂志评为 2018 年奥克兰前五名的鱼薯条店。

国小东西大

初到新西兰的人可能都会意识到新西兰虽然国家小，但很多东西却很大。这里不仅住房大，院子大，公园大，森林大，吃穿用的都大。特别是住家，动不动就占地上千平方米，上万平方米的。还有瓜果梨桃、蔬菜等。

萝卜比中国的大很多。　　　　　　　　这里的芹菜一般也比中国的大两三倍。

这里的牛、羊、猪、马等似乎也比别处的大。这里的人，特别是原住居民的个头体重似乎也比一般国家的人大很多。超重和糖尿病现已成为新西兰的一大问题。新西兰的肥胖率在由美国领导的 OECD（The Organisation for Economic Co-operation and Development）经济合作与发展组织的 35 个国家中占到第三位。据新西兰卫生部 2017 年统计，新西兰约有三分之一的成年人肥胖，约有 12% 的儿童肥胖和 21% 的儿童超重。全国糖尿病人数约有 340,000 人，占人口的 8%。

在新西兰上百公斤的南瓜，上千公斤的牛屡见不鲜。世界上最大的牛也在新西兰，它叫 Big Red，有 2 米多高，重 2.8 吨。据 2015 年统计，新西兰有 2,900 多万只羊，1,000 多万头牛，900 多万只鹿。平均每人约有 6 只羊、2 头牛和 2 只鹿。新西兰地广人稀，一个人或一家人拥有大片大片的土地，拥有上百亩或上千亩农田及牧场的司空见惯。这里似乎也处处讲究大，如超级汉堡店出售的大汉堡，大到一般人一顿根本吃不了。不少外国游客，包括中国游客，到此专门吃这种大汉堡，美其名曰："吃的就是横货，解气，过瘾。"这里的冰激凌也大，有的有三个锥桶那样大，店家还给你压得杠尖杠尖的。小孩拿在手里简直就像抱着一个冰激凌大皮球。

新西兰 Burgerfuel 超级汉堡店的口号是："Fuel for the Humman Engine（为人的发动机加油）。"卖的"Monster Bastard（超级大浑蛋汉堡包）"

里面有两个厚厚的牛肉饼、两个鸡肉饼、两大片火腿和两个煎蛋，还有西红柿、生菜和洋葱等，大到你几乎无法下嘴。

酒吧文化

在新西兰，包括白领和蓝领阶层，很多人觉得从街头喝到街尾，一个一个酒吧喝，一个晚上几乎喝遍整条街的酒吧就是最厉害的。新西兰人在酒吧主要喝啤酒，除了众多国际品牌外，新西兰本地生产的啤酒更是琳琅满目，如 Mot、Moa、Steinlager、Speight's、Mac's 和 Tui 等。新西兰虽小，但却拥有 250 多家啤酒厂，各地方的啤酒又在地方酒吧中扮演着主角，如奥克兰的 Lion Red 和怀卡托地区的 Waikato Draught 啤酒等。很多不错的啤酒只能在当地品尝到。新西兰的葡萄酒更是驰名中外。在世界各国的酒吧或餐馆的酒水单上，你几乎都能看见它们的身影，

主要有芬芳四溢、带有水果味的"长相思 Sauvignon Blanc"白葡萄酒和浓郁醇厚、回味无穷的"黑皮诺 Pinot Noir"红葡萄酒。新西兰南北岛都有著名的酒庄和品牌，如南岛的奥塔哥中部地区和北端的 Marlborough（马尔堡）地区，北岛中部的 Hastings 和 Napier 地区，以及奥克兰的 Kumeu 小镇和 Waiheke Island（激流岛）等等。

上图为奥克兰城里 Fort St 街上集饮酒、赌马和老虎机，以及下酒小吃为一体的酒吧。

右图为奥克兰王子码头的酒吧，穿过深深的巷子才能到达，可边喝酒聊天，边看海上的夜景，别有一番情趣。

一般新西兰较大和较热闹的酒吧都设有赌马站和 Gaming Machine（老虎机），集饮酒和娱乐为一体。酒吧也应时地转播有线电视和收费的电视节目，如重大的球赛、拳击比赛等，以吸引顾客。很多酒吧门口都装饰了喷射火炬，招揽生意。周末要说哪里最火，可能就是酒吧了。说来也奇怪，有的酒吧人气就是旺，要排长队等候，出来几个人，才允许进去几个人；旁边的酒吧不用等，也没多少人去。

摄于周六凌晨。在奥克兰市中心 Shortland St 街排队等候进入酒吧的人们穿着讲究。为了喝酒，很多人是打车来的。2018 年 2 月 10 日。

夜幕下的首都惠灵顿市中心楼顶酒吧。

南岛旅游重镇皇后镇水上酒吧。

南岛旅游胜地瓦纳卡湖边酒吧。

2018 年 8 月 4 日，适逢超级橄榄球决赛，酒吧里人声鼎沸，十几个大屏幕正在同时转播超级橄榄球决赛实况，Crusaders 对阵 Lions。几年前新西兰著名球队 Crusaders 就赢得过冠军，今天又给了 Crusaders 再次赢得冠军的机会。不负众望，Crusaders 以 37 比 18，击败南非劲旅，再次为新西兰夺得冠军。所有的酒吧沸腾了，整个新西兰沸腾了，就是站在街上观看比赛的人们也欢声雷动。这些酒吧除提供酒水外，也提供食物，如烤牛排和炸鱼薯条等，让顾客有吃有喝，玩得痛快。这里的酒水当然要比一般酒水专卖店贵很多。有的酒水可能要比超市贵一倍以上，但到这里来的，没人在乎价格，要的就是一个和朋友相聚，和陌生人互动的气氛和情趣。

惠灵顿 Courtenay Pl 街上的酒吧。惠灵顿还有"精酿啤酒之都"的美誉。

153

教堂、婚礼和葬礼

　　新西兰人大多信基督教，在 2000 年以前全国有一半以上的人口信基督教[20]。教堂遍布全国各个角落，包括很偏远的人口只有几百人的小镇。很多家长带孩子从小到教堂参加活动。去教堂的孩子大多富有同情心，安静好学。一些较大的教会还进行房地产投产。他们鼓励人们填表成为正式会员，参加每周教会的定期活动，有的教友每周还将工资所得的 10% 捐给教会，也叫"十一奉献"[21]。平时教堂有读经，每周有讲道等。有的教堂读经时还会把男女分开。多数教堂很有钱，世界上很多医院和学校都是教会建立的。他们对每次读经都按课题和章节准备免费的教材，有的还针对不同种族出版同步的多语种教材。

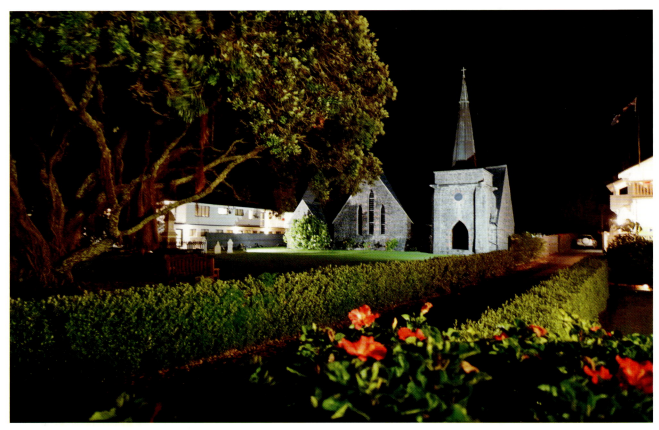

坐落在 Bay of Islands（岛屿湾）的教堂。

　　教堂文化对中国人来讲真正融进去不容易。一次参加一个教会的文艺演出，我坐在前排观看时，准备拍几张照片，相机刚一拿出来，就有一个教会的工作人员走过来，说不能照相。我随即离开了座位，准备离开教堂大厅，后来又在出口处最后几排随便找了个座位，坐了下来。看了看觉得也没有什么不妥，就又拿出相机想照几张相。黑暗中又有人捅了我一下，一看又是那个清瘦高挑的教工。参加教会活动时也经常看到人们在各排座椅间传递一个布袋，也就是捐钱袋。人们手中握着零钱将手伸进布袋布施。教友告诉我，你不用真的捐，你握着拳头把手伸进布袋就可以了，很多人就是这么做的。这种传袋布施在一次活动中可能要进行几次。每次都动真格的，有的人也确实捐不起。教会有时还提供一些像锅巴、薯片似的食物和一些红酒让参加的人品尝。

---

　　20. 据新西兰电台报道：在 2015 年信基督的人口已从占全国人口的 57% 下降到 44.7%。
　　21. 十一奉献或什一税通常指犹太教和基督教的宗教奉献。据《圣经创世纪》记载，亚伯拉罕首先把自己所得的十分之一献给撒冷城的麦基洗德，从此教会鼓励教徒自愿捐献。古时有些教会认为任何财物的十分之一都应该属于上帝，一段时期这种税收还成为法律。

教会里一般有专职的神父(天主教)或牧师(基督教),挣工资。大的教会往世界各地派传教士。除了教堂,较大的教会有自己的办公室和行政管理人员及财会人员。大的办公室里有几十人每天工作。一般专职神父或牧师的工资和当地人的中等工资收入相同。虽然过的不富裕,但有车,有住房(一般是教会提供住房或付房租),吃喝不成问题。神父或牧师除了教会事务外,也走访社区。有的还用自己的工资购买食物给穷人,或到超市、面包房取一些快到期的食品派发到穷人那里。1991年我刚到新西兰时,一个叫Father Tom的神父就经常到我们住的Flat[22],给我们送面包。一次送面包时,他看到其中一位清瘦的年纪约20岁的留学生正在煮大米粥,就问那个留学生,你就吃这个吗?得到了肯定的回答后,他眼里充满了泪花说,这可不行……这可不行……然后马上带着那个留学生去了超市,用自己的工资为这位留学生买回了一大堆肉和蔬菜。当时新西兰的面包店规定只能卖当天烤好的面包,卖不完的就要扔掉,所以人们可以将卖不掉的面包免费拿走。就是现在,一些超市在每天关门前一小时也会对一些面包打折出售,有时甚至到了近乎白给的地步。一些人专门在很晚时候去超市,也是为此。

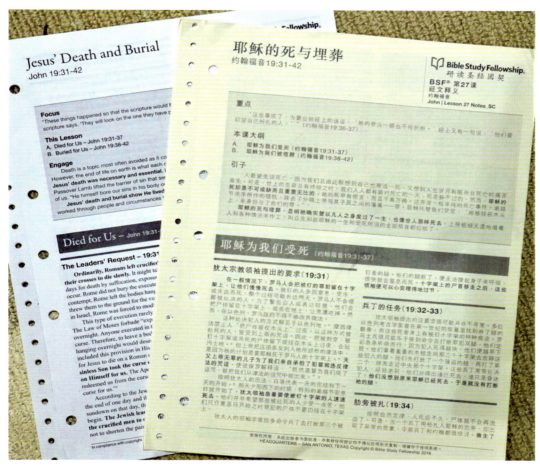

　　教会为教友们印刷的英文版和中文版的教材,是活页的,以便保存和以后装订成册。此活页每周出版一次,一次一题不重复,包括问答,为每个小组一周讨论研究使用。

　　在我们的印象中,西方的婚礼是在教堂里举行,但也要知道,西方的葬礼和追悼会一般也是要在教堂举行。人过世后,先在当地报纸上发讣告,然后由丧葬公司安排葬礼。新西兰最大的报纸New Zealand Herald(新西兰先驱报)每天都刊登讣告,有时一天有好几大版。亲朋好友、同事同学等自愿参加。参加葬礼的装束,男士一般为西装,女宾庄重,青少年随意。可送花,

---

22. Flat是指新西兰一种混合多家形式的住宅。是20世纪80年代末和90年代初中国改革开放后较早出国的留学生在新西兰首选的群居租房形式。多人或十几人共同居住和分担房租,以减轻经济负担,因为当时的大多留学生只是带几百或几千美元就出国闯天下了。

以 White Lily（白色的百合花）、马蹄莲、睡莲较适宜。也有送葬礼卡的，内附一些现金。现在有的葬礼也提供网上捐款的渠道。葬礼期间亲朋好友上台发言谈个人感受，追思故人。与中国最大的不同是，发言者随意，也有讲笑话的。葬礼现场会不时发出哭声或阵阵的笑声，悲喜场面不断切换。

这是象征性的木棺。木棺周边写满了留言和签名。

葬礼现场。

　　笔者参加过一个葬礼，逝者是一位品学兼优的年轻女子。当她在 21 岁的花样年华时，得忧郁症自杀了。在追思会上，逝者的一位表哥讲，逝者生前最喜欢打扑克，但她牌技并不高，一次他本人一开牌就有了两对，他就下了所有赌注，别人都弃牌了，只有逝者什么都没有，还是跟着下了注，不过随后发的两张牌都让她赶上了，最后她居然赢了。讲到这里，葬礼大厅发出了一片笑声。葬礼最后时段，每人在殡仪馆提供的花篮中拿起一朵小花，沿着棺木绕一周，并把小花放在棺木上。棺木可以停放故人，也可以是一个象征性的木棺。人们可以在木棺上留言签字，当然这些都是自愿的。有的人葬礼讲演完就走了，有的人献花并不留言。葬礼后一般备有茶点，人们端着茶、咖啡或饮料盘吃着 finger food[23]（简便食品）自由交谈。这次葬礼还开设了一条捐款网站，其目的是为了帮助有类似忧郁症的人群避免自杀或自残。

---

　　23. Finger food（简便食品），在西方的各种聚会上很流行。主要是指方便用手拿着吃，不太黏手的食品，如 Fish & Chips（鱼薯条）、Sausage Roll（肉卷）、Pie（馅饼）、Pizza（比萨饼）及各类糕点等，不能提供像在餐馆中上的各类盘菜。

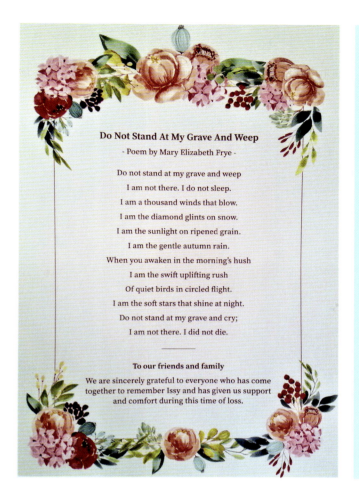

追悼卡上的诗词：

不要在我的墓地哭泣

我不在那里，我没有睡。
我是无处不在的风，
我是雪中闪烁的晶莹。
我是成熟稻谷上的阳光，
我是温柔的秋雨。
当你在清晨的寂静中苏醒，
我是默默快速穿梭、上下飞舞的小鸟。

我是夜间妩媚的星光。
不要在我的墓地哭泣，
我不在那里，我没有死。

Mary Elizabeth Frye 著

除了在教堂举行葬礼和婚礼外，现在越来越多的新西兰人喜欢在公园、海滩和饭店或酒庄里举行婚礼；因为教堂外的婚礼场地一般比教堂更方便、更惬意，形式也活泼、多样。教堂外的婚礼大多还会邀请乐队助兴。有些中国人在举行婚礼时，规模大到动用直升机和放烟花。新西兰的婚庆公司也把婚事办到了极致。从婚前筹备到婚宴的吃喝，从录像摄影到音乐主持无所不有。除了教堂里的神父或牧师可以主持婚礼外，新西兰还有专门的 Wedding celebrant（婚礼主持人）。他们不仅主持婚礼，也负责签发结婚证书。

2018 年 9 月 2 日在奥克兰皇冠饭店举行的婚礼展，为即将举行婚礼的男女提供全方面的服务。

摄于奥克兰中央公园举行的婚礼上，新娘和新郎在公园喷泉前留影。1995年。

婚庆典礼的主持人和策划人在婚礼展现场为来宾服务。

坐落在奥克兰西区 Kumeu 的 Soljans Estate Winery 酒庄为婚礼提供特殊的场地和服务。

Soljans Estate Winery 酒庄婚礼服务介绍。

毛利婚姻传统和中国老式婚姻相似，讲究家族和部落联姻，有时是孩子很小的时候双方父母就为孩子指婚。现代毛利人也可自己择偶，但一般也要征得父母的认可。

本地的欧裔人士结婚一般是由女方出资承办婚礼，但有时婚礼会产生偏重女方家属和朋友的现象，还有单方出资，有时负担也过重，诸如此类的风俗也都随时势在改变。有的婚礼是由男女双方，包括男女双方的父母各出50%的筹备费用，有的是男女双方加上男女双方的父母各出资33%筹备婚礼。一般婚礼邀请函除了说明婚姻双方姓名和举办的地点日期外，还会附上一张Wedding Gift Registry（婚礼认购单）。认购单上很直接地说明新郎新娘需要什么，受邀人根据认购单自由选择购买，但一定要预先通知新郎新娘以免买重。Kiwis[24]就是这么直白，有的新郎新娘还会列出所要物件的品牌，大一点的物件如Fisher & Paykel冰箱、洗衣机或BBQ室外烧烤煤气灶等，小一点的如餐具、床单等；不过一般所要物件不会太贵重，多以家居必需品为主。这样的好处：一、每个人可以根据自己的能力购买礼物；二、买的东西一定是新郎新娘所需要的；三、避免重复送礼。

新西兰还有婚礼保险公司，因为一对新人一般要花费一年的时间准备婚礼，花销至少3万纽币，所以保险很重要；万一出事，如意外生病，天气影响，婚礼设备受损等，至少可以挽回一定损失。

新西兰人在一些婚礼上还有Sand Ceremony（合沙礼）习惯，即新郎新娘各持不同颜色的沙杯，同时将沙子慢慢倒入一个透明的大容器里，以证明二人合一。像中国一样，新西兰的婚礼也有些忌讳，比如礼物不可送刀，怕新人一刀两断，也怕遇上和尚或修女，因为怕绝后。但新西兰人不怕结婚时下雨，认为雨露滋润，早生贵子，也不怕婚纱上爬蜘蛛，认为网罗天下，人脉宽广，财源滚滚，是个好兆头。接送新娘的婚车车头部多用白色丝带装饰，这点与中国不太相同。

很多Kiwis也会背着或抱着新娘入洞房，因为从中世纪开始西方人就认为新娘的脚趾最薄弱；他们迷信邪恶的东西会从新娘脚趾缝隙钻入新婚夫妻之间，影响夫妻关系。

新西兰是个多民族的移民国家。不同民族间的联姻非常多，如亚裔人和欧裔人，毛利人或太平洋岛民和欧裔人，亚裔人和毛利人，欧裔人和非洲人，南美洲人和本地人等等，不一而足。不同种族间的婚礼有不少是选择举办两次婚礼，一次是新西兰Kiwi式的，一次是根据对方原居住地的风俗举办的婚礼。有些婚礼还回到一方的原居住地举行。

1976年以前，新西兰的婚礼一般都是在教堂里举行，并由教堂的Ministers of religion主持颁发结婚证书。1976年新西兰颁布了婚姻补充法，开始允许独立的Marriage Celebrants婚礼

这大概是新西兰上镜率最高的教堂了。坐落在南岛Lake Tekapo（特卡波湖）的Church of Good Shepherd（牧羊人的小教堂）。

24. Kiwis（几维鸟）是新西兰的国鸟。用Kiwi/Kiwis来形容新西兰的人和事在"二战"时开始流行，就像"二战"时，人们称美国兵为Yanks，称英国兵为Poms一样。新西兰把原产于中国的猕猴桃也发展成新西兰的水果品牌Kiwi Fruit。20世纪70年代和80年代新西兰的猕猴桃称霸世界。Kiwi Fruit一词也比猕猴桃还响亮。

主持人主持婚礼和发放结婚证书，所以越来越多的人选择 Celebrants 主持婚礼。人们也可以在政府的登记处办理结婚手续和举行婚礼，但其仪式过于死板，没有多少人选择。2013 年新西兰通过了同性恋婚姻法，从此同性恋婚姻在新西兰合法化。同性恋夫妻享受与普通夫妻一样的权力，从移民到社交，从选举到收养儿童等各个方面的权力和义务。

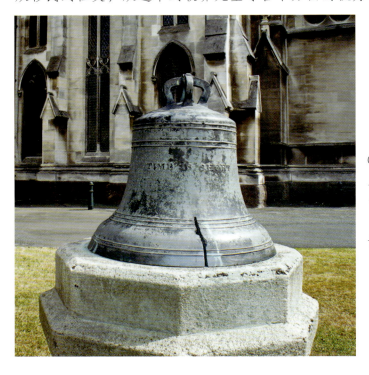

Dunedin（但尼丁）市的 First Church of Otago 教堂。这里埋葬着新西兰著名商人和政客 William Larnach（威廉·拉纳克）一家人。教堂入口处树立的大钟上刻有——"TIME IS SHORT"（时间短暂）的警句，让人沉思。

唯一的城堡，悲惨的故事

Larnach Castle 号称是新西兰保留下来的唯一城堡，建于 1874 年，坐落在 Otago Peninsula（奥塔哥半岛）上。

原主人 William Larnach（威廉·拉纳克）是一位成功的商人，当过 Otago（奥塔哥）地区银行总裁、国会议员和新西兰财政部长、矿业部长。当年他为他的第一任妻子建起这座新西兰最大最豪华的城堡。城堡建成后不久，妻子病逝，之后他又娶了同时随他们一起移民新西兰的妻妹。没几年他第二任妻子也病逝了。他当时在但尼丁做议员，他第三次娶了比他小 20 多岁的年轻女职员。因忙于公务，新婚不久的妻子和他的儿子好了，当他得知这个消息后，他在他的议会办公室里吞枪自尽。这所城堡似乎也有着和其他不少古老、著名的城堡一样的魔咒般的凄惨故事。他的传奇故事还被写成传记、小说，编成剧本和歌剧。威廉·拉纳克的一生不能不说是新西兰早期移民上流社会的缩影。

左图为 Larnach Castle 城堡进门处的枪库。

四面红灯

新西兰主要交通路口，特别是市区繁华街道上的红绿灯很特别，为了行人的安全和方便，在行人过马路时，路口四面都会亮起红灯，所有车辆必须停驶，让行人从四面八方横着竖着或斜插着过马路，这与中国的交通有着很大不同。

奥克兰城里，Queen St（皇后街）和 Victoria St 大街交界处，红灯亮时，行人从四面八方穿越马路。

还有新西兰的车辆是靠左行驶的，这点与中国正好相反。由此引发的海外游客交通事故不断出现，特别是来自中国和美国的游客，所以来自车辆右行国家的游客自驾游时一定要小心。最好在车前挡风玻璃上贴上警示红箭头。

车窗前贴上红箭头可以时时提醒驾车者靠左行驶，是一种有效防止逆行的方法。

凡是在路面上出现的这种白色的倒三角标志，都是提醒驾驶者：前方有行人或车辆通过，必须 Give Way，即要做好随时停车让路的准备。

一切为了行人的安全，不仅是新西兰人的理念，也是这里的习俗和交通法所规定的。不管在哪里，只要有人行横道线在前面，车辆都会减速，如发现有人有意图过马路，车辆都会远远地停下来，等行人完全过了马路，车辆才会启动。当然在没有过马路标志的地方横穿马路，出了事故行人要担责。交通法中有一条，就是看见了人行横道在前的提醒标志要马上减速。这条交规在面试时是必考的。路考时，考官也一定会带你到有斑马线的道路上，暗中观察。在警示标出现时，你如果没有刹车意识，就 Fail 了，也就是路考失败。据新西兰交通局 2015 年的统计，新西兰每年约有 36 个行人死于交通事故，还有约 1,000 名行人受伤。交通局认为如果司机能进一步重视交通警示牌和路标的话，更多的事故是可以避免的。司机要做好随时停车的准备，特别是在学校附近，公交车站和有行人穿过的地方，一定要保持在 20 公里的时速以下。在超越旁边已停车辆，或经过街边商店时，更要特别注意，谨防行人突然从已停车辆前穿过，或购物后出店过街。还要注意的是，街上一些凸起的不同颜色的路面也是提醒司机这里是行人穿越马路的特殊地带，特别是在商业街或住宅密集的地方。左面的路标都是提醒司机，前方可能有行人，一定要减速，一定要保证随时可以停下车来。

Sidewalks - National Associati...

Courtesy crossing

选举和教育

投票义务

　　新西兰是君主立宪制英联邦国家。英国女王和总督只是名义上的最高统领，实际上是总理管理国家。新西兰选举采用 MMP（Mixed Member Proportion）制度，即 "混合成员比例选举"。18 岁以上公民或拥有居留权的居民必须参加选举投票，每人一票。选票包括两项。选民首先要选择他们所支持的政党，这叫政党选票，它在很大程度上会影响到每个政党在议会中所获得的席位；然后选民要选择其所在居住地选区的候选人，即选区选票，得票多者获胜。驻外使节和暂时在国外的新西兰公民及获得居留权的居民可在当地新西兰大使馆或领馆办理登记和投票。就是住在敬老院的老人和医院里的病人也要投票，有医生证明，因精神或其他疾病无法投票者除外。

　　新西兰是多党制，任何个人或团体都可以组党，党票超过全国选票的 5% 就可以进入国会。任何政党只要获得超过全国选票的 50% 就可以执政，不足 50% 的政党联合其他党超过 50% 亦可执政。新西兰任何政党、团体或个人都可以报名参加选举，成为候选人，如在选区中获胜，即在选区选举中得票最多，就可成为选区议员，直接进入国会。另外，选举中还有一个特殊的规定，如果一个党派在地区选举中获得一个以上的席位，该党派所获党票的比例亦可计算在内，不必受党票 5% 以上的限制。比如，该党派在党票的选举中仅得到 4% 的选票，但该党除了当选议员外，还可带党内排名靠前的另外 4 名的党员进入国会，成为议员。新西兰国会通常有 120 个席位，在这种特殊的情况下，国会议员人数可以增加到 121 或 122 个席位。半个世纪以来，虽然新西兰多由工党和国家党轮流执政，但期间不乏有小党成为造王者的例证。

投票选举网点，新西兰的选举。

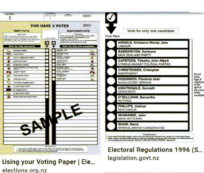
新西兰的选票式样。

摄于教堂选举站。1996 年。

　　2017 年选举就是最好的例证。期间获得票数最多的国家党（占选票 44.4%）却不得不看着获得选票较少的工党 36.9%、绿党 6.3% 和新西兰第一党 7.2% 联合起来上台。工党和绿党向来是盟友，只占选票 7.2% 的第一党就成了造王者。它选择与哪个政党合作哪个政党就可以执政。新西兰的选举每三年进行一次，各区投票站大多是临时安排在学校、社区图书馆或是教堂里，投票时间一般在周末。

　　投票是不记名的。选民到了选举站要先报到，然后拿着选票到单独封闭式的隔离桌台里打勾，选择自己喜欢的政党和地区议员。选择完毕，将选票投入指定的票箱。

摄于奥克兰教堂内的选举日。选民在教堂内投票。1996 年。

宽进严出的大学

在新西兰进大学读书比较容易，特别是对本地学生而言，只要高中各门功课基本及格，一般都可以上大学；即便是不能直接从高中升大学的学生，毕业后，工作一两年，也还是可以上大学的，只是不能选择个别要求特别高的专业，如医学。在新西兰读医学专业是最难的，学生不仅要求各科优秀，而且还要经过一年的预科。 一年能学下来，符合标准的寥寥无几，就是符合了标准还要经过导师们的面试，特别是对母语非英语的学生来讲更是难上加难。另一个原因是报考医学系的学生多，但录取的人少。在新西兰虽然入大学容易，特别是有导师推荐，但读下来的确不容易。新西兰大学一般专业的学期为3年，研究生2年，博士5年。在大学里教书，一般要求博士学位以上，正可谓十年寒窗苦。用人生最宝贵的时光读完博士，要不做点什么业绩就太可惜了。

新西兰人都很实际，不少洋人的孩子读完高中后，马上就去技校或专科院校，用一两年读个专业文凭，如水管工、建筑工和电工等。所用时间短，挣钱快，只要干得好就挣钱多。如电工或水管工经过一年实习，自己出来单独干，一年收入20万—30万纽币不算难。新西兰继承了英国早期教育的模式，在中学时期就将学校划分为 Grammar School（文法学校）和一般学校。一般学校注重 Practical，即实践，注重培养孩子们的动手能力，毕业的学生多直接进入技术学院，学习一技之长。而文法学校则注重培养孩子们的研究能力和治学精神，孩子们毕业后，一般是直接上大学。

记得那是1993年底的事，我报考奥克兰大学研究生。到了报名处，人家不让报名，因不够资格。我找到了系主任我的导师，他又带我去了报名处，导师问他们为什么不让我报名，他们说，读研究生至少要有正规大学的毕业文凭，他们在世界大学名录里找不到我毕业的学校。那时还没有互联网。我当时的文凭是北京某职工大学，不算正规大学，当然不可能上世界大学名录。我的导师说，你们查一查有没有北京大学，录取处的人又一次翻看着那本巨大的厚厚的世界大学名录后说，有！那不就得了吗？！北京职工大学就相当北京大学，我的导师说。Ok，好吧，录取处的工作人员应声道。他们正准备给我办理入学手续，突然一个工作人员又发现我没有雅思成绩，于是问道，你有没有雅思成绩？那时读研究生，海外学生必须达到英语6.5分以上的雅思成绩。我拿出了我在奥克兰语言学院的英语毕业证书 Advanced English Certificate 递给了录取处的人，他们说这个证书不认可。当时我的心一下子就凉到了底。导师接过我的文凭看了看又说，That's enough！足够了。他是我的学生，我说他英语水平够就是够了。我终于在导师的力保下入了学，但条件是在读研究生课程前要读一个 Bridging Course，即预科。也就是我要在大学各年级中选

摄于奥克兰大学图书馆3楼。从奥克兰大学图书馆的窗口眺望马路对面的 Albert Park 公园。1994年4月。

修一门课程，而且每门课程必须达到 B+，即优以上才能正式读研。我看到三年级有一门叫"中国移民史"课程，于是我对导师说，我想读这个课程。导师面带难色地说，你一定要读这门课吗？教这门课的老师可是出了名的严厉，我怕你读不下来。要在他的课上拿优非常难。读不下来的后果你明白吗？我知道导师的意思，成绩达不到优，就不能再读研究生了。我说，我感兴趣。那好吧？！导师尊重了我的选择。

为了通过这门课，我几乎玩了命。平时的作业和小论文还好说，能查英汉字典和汉英字典等，用英文写出后，再求英语是母语的当地洋人给我改正、修饰。大多时候我是有惊无险地拿到了优。

可是，在一次 Presentation 课堂讲演时，我只拿到了 49 分。奥克兰大学是百分制，50 分及格。我当时真的气坏了。讲演到一半，老师说你能不能简单点，就到此吧，该吃中午饭了。当时安排我讲演时已是 12 点多了，我请求老师把讲演时间安排到下节课，担心时间短，演讲不完。老师却说，你讲完了再下课。结果我还没讲完就下课了，然后等来的是 49 分的成绩。不及格就不及格呗，差一分不让我及格，不就想寒碜我吗，我当时就是这样想的。一个口头讲演，无凭无据，老师想怎样就怎样。我找到老师，说您给我讲演时间不足，别人都是 15 分钟 20 分钟的，我还不到 10 分钟，自然讲不完。老师说，你搞得太复杂了，我知道你在中国是编辑记者，你想面面俱到地讲解，真给你 20 分钟，恐怕你也讲不完。而且你的那些洋人同学听得懂吗？你其实看看那些本地洋人，只谈一点点，虽然简单，说清楚了也是不错的。因那次讲演，班里只有我一人不及格。我回想了一下，老师说的也许是对的。为了这次讲演，我准备了相当长的时间，因为用英语去表达是我的短板。我花了所有的力气，请了多名同学和母语是英语的课外老师改正讲演稿，我拼命地试图用几张图表概括所有的课题，然后讲解之间的关系。这样可能对做研究来说是不错的方法，但对于一个大学 3 年级的基本课程来说，可能是太复杂了。因为我自己都用了近一个月的时间才捋顺各项之间的关系，又怎么可能在一二十分钟内，讲解到人人都明白呢？！

我们做学问的宗旨是，要让看的人和听的人明白；听的人和看的人不明白，就是作者或讲演者的失败和错误。开头一定要说自己将要在下面说些什么，然后就去说什么了，结尾一定要说自己之前说了什么。大一点的文章，开篇前还一定要感谢一些人，如导师、友人和资助者等，文章结尾后，还要列出所引用和所参考的材料来源等。虽然古板，但大多学术著作确实严谨。

言归正传。校方规定，我这门课的平时成绩，包括平时作业、小论文和平时小考等占总分的 60%，而期末考试占 40%。我的 Presentation 讲演已经不及格了，这在总分上把我拉下不少。要想总分达到优以上，我已别无选择，为了能继续读研，我一定要在期末考试中达到 85 分以上才行。我已没有退路了。由于英语不好，平时作业是我的强项，因为可以查书，多花时间就可以了；而闭卷考试是我的短门，因为词汇量少，西方背景知识贫乏。期末考试正在我的短门上。3 个小时的闭卷考试，既不让带课堂材料，也不让带字典，除了蓝色或黑色的原子笔，你什么也不能带进考场，更不可能去请教谁了。为了通过这门考试，只好死马当活马医了。我将一年来老师讲的和发的材料，以及老师自己出版的书，包括他课堂上提到的书和材料归纳整理，并参考以往的考卷，整理出将近 10 万字的复习材料，并将极有可能考的课题重点提前写出有针对性的小论文，然后请英语是母语的同学帮忙改正，再一一背下来。考试前的几个月，我几乎每天在图书馆待到闭馆为止，图书馆的管理员都注意到我总是最后一位离开图书馆的人，而且知道到哪里找我，催我离开，因为我总喜欢坐在离我所用图书最近的阅览室的同一把椅子上。

我除了温习所学资料外，就是死背自己预先写好的并请人改正过的约有三四万字的小论文，包括每一个单词和标点符号都背下来。我从来没有背过如此长的文章，还是英文的。我自己都不敢相信，在考试前我真的将那三四万字的英文全背了下来。有一次不知为什么，我竟然想到，我会不会也像马克思一样在我总是坐着的图书馆的地面上留下脚印[25]。

---

25. 马克思（1818 年 5 月 5 日—1883 年 3 月 14 日）在大英博物馆的图书室里写作《资本论》时，因总坐在图书馆里的同一个地方，将座椅下的地毯磨出了两道长长的足印，后人将此地圈起来，成为历史文物，供人参观。

毕业前的大考终于来了。在近百人的大教室里，每张桌子上贴着考号，考生按号就座。考卷已放在每张桌子上的一个大公文袋中。入场前，考生已被告知，没得到通知前，不能打开公文袋。考生全部入座后，主考老师重申了考试规则后，考试开始。考卷是16开本，像一本书，除了前面的几页说明和十几道考题以外，余下的有20多页是已印好格子的空白卷。考试时间是3个小时，考场上每排桌椅的过道里有多名监考老师，中间有上厕所的，由监考老师陪同。

摄于奥克兰大学 1997 年毕业生典礼现场。1997 年 4 月。

俗话说得好，老师最得意的时候是看着学生考试，学生最痛苦的时候是在考场上答卷。一点不假。

我也和其他的考生一样以最快的速度打开考卷，通览试题后，心里安稳了一些。除一两道题不在我预先写好和背熟的小论文里，其他的尽在其中。我马不停蹄地将我预先写好和背熟的写在了试卷上，准确地说是从脑海里"抄"在了试卷纸上。我疯狂地书写着，因为我写的字比较大，不知不觉一口气写了25页，几乎写满了空白的考卷。考卷下方出现了一行小字，"如试纸不够，请向监考老师要！"我举起左手，监考老师走了过来，我要了5张额外带格子的试纸。我尽力回答着那两道出了我背功的试题。这两题虽不在我预先的背诵文中，可对我也并不陌生。还好，凭借我在中国做过编辑和记者的功底，英文表达虽然没有经过当地说母语的人修改，但还算达意；行文虽不太流畅，用词虽不华丽，但也没有涂涂改改。做完所有考题后，还剩十几分钟。我又从头到尾审查一遍。离收卷还有一两分钟，我闭上了眼睛。铃声响了，我和同学们一起走出考场。此时我看到有的考生还在为能落下最后一笔与监考老师争执着。庆幸的是，考试期间我没有上厕所。

考试成绩还没有出来时，导师面带笑容地找到我，说老师正在评判你的考卷。教你"中国移民史"的老师说，你的词汇量还挺大，有的他还要去查字典。天晓得，我心里还不明白，我那一点点可怜的词汇量！那些专业词汇可都是我生生背下来的。我在为考试预先准备的小论文里，连什么巴西金矿、安哥拉第一个华人餐馆的名字，都按原文正确无误地写了进去，不管是西班牙语、葡萄牙语，还是法语，看上去可能还真能博个彩。最长的一个单词，我记得大概有近20个字母。虽然我那次的考试得分不错，保证了我读研，但我深知我的本地洋人同学即便只考了及格的分数，他们也要面对比我还大的困难和付出，如文化背景，因为说到底，老师讲的是中国移民史，而不是新西兰移民史，更不是英国移民史。再说，除了应付考试，我背下来的东西可能也没什么用，而且我现在确实也不记得我在考试中都回答了什么。但话又说回来了，大学里学到的治学方法，让我受益终生。

大学考试是在放假期间举行，老师不上课，学生不用上学，只要参加考试时来校即可，谁考完最后一门课，就算彻底放假。一般从每年10月中旬开始考试，次年2月底开学。有的学科3月初才开学。大学里的假期很多，真正上课天数每年不过区区150来天。学生主要靠自学、自觉和自身的努力。淘汰率相当高，一门课如有100名学生，能毕业的不到25%是常事，也就是4个学生中只有1个能毕业。当你参加毕业典礼时，当你听到主席台上的校长念到你的名字时，当你听到"You are the survivors！（你们是幸存者！）"时，当你戴上博士帽时，当你从校长手里接过毕业证书时，你也许真的会百感交集，泪流满面。

奥塔哥大学钟楼后院。

新西兰有 8 所大学，排名最前的当然是 The University of Auckland（奥克兰大学），但最美的校园当属创建于 1869 年的 The University of Otago（奥塔哥大学）了。它也是新西兰建校最早的大学。校园里以维多利亚建筑为主，校园中有河流穿过。教学楼前，有竞相开放的藤萝花和花坛。它被英国媒体评为世界上最美丽的大学之一[26]。

上大学与其说是学知识，不如说是人生的一次历练。从入学手续的繁杂，到不知所措的课程；从频繁的考试和作业，到大量的阅读和写作；从不同教室的穿梭，到跨学科的迷茫；从学习小组的交流，到茶余饭后的祷告；从毛利语的学习，到走上街头的抗议游行；从不同文化的撞击，到从事义工的思考……你的情绪，你的思维，你的意志和你的行为可能都在跌宕起伏，时而低沉，时而亢进……不能不说大学磨炼了你的意志，大学让你不畏艰难，大学教会了你看待事物的方法，大学给了你广阔的天地，大学让你尊重知识、尊重人格、尊重人生。人们常说，不识庐山真面目，只缘身在此山中；反之亦然，不在大学里摸爬滚打过几年，你不可能知道读大学的艰难和乐趣，也不可能体味上大学对你今后人生的深刻影响。

奥塔哥大学校园中心有一座造型像路牌一样的红色箭头雕塑。雕塑的箭翼上镂空雕刻出著名毛利诗人 Hone Tuwhare[27] 的诗词 Time Out（《光阴似箭》）。

这个雕塑，像路标一样指引着人生。它是不是奥塔哥大学的校训我不清楚，但它警示人生短暂，时间宝贵的寓意令人难忘。

Time Out

I pursue but I can not catch up with you,
Time.
You precede me like the echo of sad footfalls
in my heart, fading away.
Tears pool my eyes as I turn back
to find the solace in a resolute search
for my space my beginnings my self.

光阴似箭

我一直在追赶着时光，但我从未赶上。
你总跑在我的前面，像沉重的脚步声，
渐渐远去，并在我心头回响。
当我蓦然回首，
我看着，为了我的使命和
初衷——我自己苦苦追求的人生慰藉时，
我泪如泉涌。

摄于奥塔哥大学校园。2016 年 8 月。

---

26. The University of Otago（奥塔哥大学）在 2012 年被英国刊物 The Daily Telegraph 和 The Huffington Post 评为 One of the world most beautiful universities（世界上最美丽的大学之一）。

27. Hone Tuwhare（1922 年 10 月 21 日—2008 年 1 月 16 日），新西兰著名毛利诗人。他晚年是在 Otago（奥塔哥）度过的。此诗摘自他的选集《Small Holes in the Silence》。Hone Tuwhare 被认为是新西兰最伟大的毛利作家之一，他获得过多种奖项，包括 Prime Minister's Awards for Literary Achievement（总理文学奖）。

厕所、流浪汉与宠物

豪华厕所与无家可归

　　新西兰的厕所可谓装饰美丽,设计独特,千姿百态;里面既干净整洁,又设备齐全。就是偏远、简陋的厕所内也多有洗手池,手纸也总是有备份的。说句玩笑话,在某些厕所里居住都可以,但不知为什么,在新西兰的主要大城市,特别是奥克兰城里,你仍然随处可见露宿街头的流浪汉和乞丐。

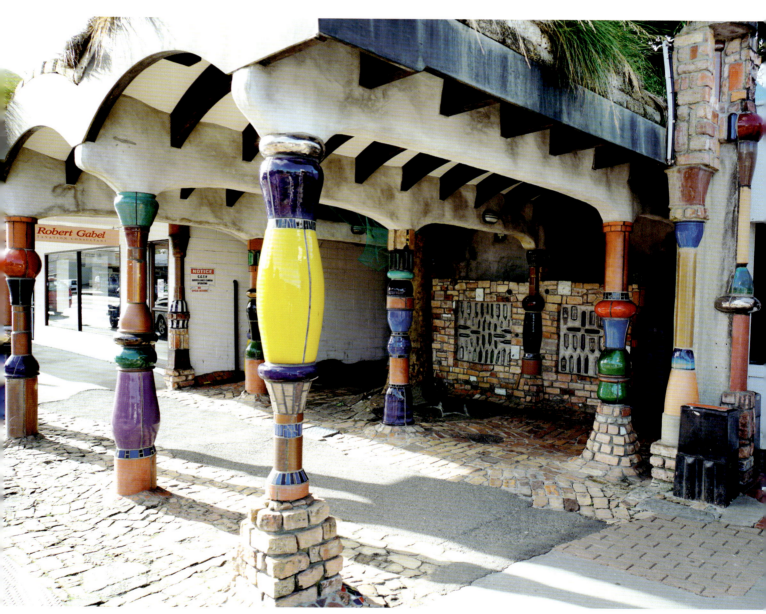

　　Kawakawa 小镇 Hundertwasser Toilet 厕所。据说是世界排名第一的艺术厕所[28]。这个厕所成了小镇的象征。吸引世界各地的游客到此一睹它的风采。小镇似乎也因为它有了灵感。镇上店铺也多学着厕所的风格,用彩色瓶子和彩色陶瓷装饰门面。

---

28. Hundertwasser Toilet 厕所是由新西兰出生的澳大利亚艺术家 Friedensreich Hundertwasser 设计建造的,完成于1999年。是 Friedensreich Hundertwasser 世界级艺术品。

厕所墙壁上挂有厕所的旅游景点介绍。

厕所对面的商店。是不是跟厕所学的，还挺配套？！

陶波湖旁的厕所。它是我见到过的新西兰极少的收费厕所。

上图为南岛 Canterbury（坎特伯雷）地区只有 1,000 多人的 Twizel 小镇上的公厕。

右图为在新西兰的每一个施工点，或临时聚会点，流动厕所都是先行官。2017 年圣诞节期间 Ellerslie Racecourse 马场搭建的临时厕所。

左图为 Bay of Islands（岛屿湾）Paihia Beach 海滩旁的厕所。把马桶设计在房顶上的装饰，就像个广告牌告诉路人"这里就是厕所"，这个厕所晚上还会不断地变换灯光，一会儿绿，一会儿黄的。

　　北岛中部小镇 Atiamuri 乡村路边的厕所外墙上画着的骑行者的画像，旁边还设有停放自行车的架子，似乎在说路过的骑行者必到此一游。

　　但尼丁火车站自动厕所。

　　摄于奥克兰 Greenwood Corner Manukau Rd 路边。这是奥克兰街上随处可见的最普通的自动厕所。2015 年。

　　厕所内一般都有洗手池，设自动洗手液、自动流水和自动干手机。只要把手伸在指示标下就可完成清洁、水洗和热风干的洗手过程。

　　不懂英文的看图标也可使用和操作。厕所内马桶的冲水也是自动的。坐在里面时间太长，还会有语音提醒你注意。

172

奥克兰 Matakana 小镇上的公厕，是不是很奢侈、很艺术。

新西兰政府斥资1930万纽币来给你——修！厕！所！

By 新西兰先驱报中文网
2018-09-11 17:41

旅游　公厕

在政府的旅游基础设施基金进行了最新一轮融资之后，旅游热点地区将会建造更多公厕。

Photo by NZ Herald

从此报道中不难看出新西兰政府是多么注重厕所工程的建设。在这 1,930 万纽币的投资中，主要是在旅游景点增设更多厕所和对部分景点的污水处理和厕所升级。

新西兰旅游部长 Kelvin Davis 说：这笔资金是为了让当地社区感受到健康的旅游业所带来的好处……旅游业的增长可以大大促进新西兰经济的发展，同时为本国带来财富，从而提高新西兰人的生活质量。

　　奥克兰的夜晚色彩斑斓，迷人、耀眼。但你可知道在这灯红酒绿、纸醉金迷的都市夜晚，在奥克兰市中心最繁华的 Queen St（皇后街）上，又有多少无家可归的人躲在商店的屋檐下或豪华办公楼的门洞里过夜。

　　Barfoot & Thomson 是奥克兰最大的房地产销售公司，经营销售着成百上千的豪宅。但是在它的奥克兰市中心销售办公室的墙根下和门洞中却躺着无家可归的流浪者。

　　躺在奥克兰房地产公司 Barfoot & Thompson 市中心办公室墙根下无家可归者。雨伞的后面是另一老者。他起码在此露宿两年以上了。

　　躺在 Barfoot & Thompson 奥克兰市中心办公室门洞里的无家可归者。多亏奥克兰四季如春，现在又是夏天。

　　奥克兰是个美丽动人的海滨城市。城市周边豪宅林立。有的家里不仅有5房6房，办公室、健身房，还有游泳池、网球场和艺术馆及酒窖等。有的还有私人直升机和游艇，以及私人码头。你也许会问奥克兰、新西兰连厕所都修建得这么好，为什么却没有无家可归者的一席之地。新西兰是个高福利的国家，失业了有失业救济金，病了有病金，残疾了有残疾金，退休了有退休金，生孩子有生孩子补助金，在家带孩子有带孩子金，穷了有家庭补助金，怎么都能维持基本生活，可为什么还有这么多的流浪汉、乞丐和无家可归者？我也在问自己这个问题。

　　新西兰微财经报道：政府发放给穷人的食物越来越多。从2016年3月的93,178份，价值9,925,627纽币到2018年的143,986份，价值14,786,536纽币。两年间，数量增幅超过50%，花费增幅也接近50%。根据新西兰社会发展部的统计，在2018年第二季度，政府已发放321,244份困难补助，比2017年同期的267,374份增加了近20%，发放金额超过8,810万纽币。

　　右图表是新西兰微财经网的统计。

站在街边可以看到的梦幻庄园。

　　梦幻庄园坐落在奥克兰 Coatesville 区，占地 22.6 万平方米，是网络大亨 Kim Dotcom[29] 曾经居住的地方。他出事后，此庄园通过 Barfoot & Thompson 在 2017 年以 3,000 多万纽币售出。

豪宅前的草坪上站立的长颈鹿雕像栩栩如生，逼真高傲地漫步在辽阔的草坪上。

---

29. Kim Dotcom，1974 年出生，德国和北欧网络企业家，最早在德国以少年骇客被判缓刑两年。2013 年创立云端服务器 Mega，后定居奥克兰，2017 年在新西兰法院被美国以剽窃、泄密和洗钱等罪名起诉。

奥克兰市政府在 2018 年 10 月派出大量工作人员，包括市长，在晚上走上街头对无家可归的人数进行了一次深层的清点。据统计，奥克兰无家可归者的至少有 3,600 人。市长 Phil Goff（菲尔·戈夫）说，实际人数可能远远超过这一数字，情况不容乐观。

奥克兰皇后街豪华品牌 LV 包店旁的乞丐。

在奥市 Victoria St 大街体育赌马下注站 TAB[30] 门洞里露宿的无家可归者。

---

30. TAB 是 Totalisator Agent Board 的缩写。是新西兰政府拥有的赌博机构。新西兰全国现有 600 多家这样的赌博下注站。当然现在网上或用电话联系也可以下注。

上图为号称奥克兰第一名街的 Paritai Drive 街上的一所豪宅内部一瞥。

2018 年 2 月 16 日 20 时人们在 Sky City Casino（天空赌场）庆祝中国春节的到来。摄于天空赌场的大门口，其热闹程度可见一斑；但离这里不到 100 米，看到的却是截然不同的场面。

同是在一条街上，Hobson St 街，离赌场不到 100 米，距奥克兰市政府施粥处，即免费食品发放处，不到 20 米的无家可归者抱团露宿街头。因春节当晚仅用手机拍照，成像不太理想，所以第二天又用单反相机在此同一时刻拍照。结果让人震惊。从两张不同时间拍摄的照片中，我们大概可以看出这些无家可归者，在此不只一天两天了，他们每个人躺卧的地点和位置基本没有变化。

摄于 2018 年 2 月 16 日，春节之夜，22 时。

摄于 2018 年 2 月 17 日，初二，22 时。

摄于 2018 年 2 月 17 日晚 22 时。

这是刚刚从那些露宿街头的人身边走过的参加完 Private Function（私人聚会）的人群。

真是冰火两重天，让人感慨万千。

2018年春节来临，奥克兰城里大马路边的广告牌上的中国小女孩高兴地拿着红包。过年了，不知红包有没有这位露宿街头老者的？

以这位乞丐为主题的照片还得了奖。这幅照片获 People/Action, Royal Easter Show Art Awards 2018年复活节影展人物／动作类奖，并标价 100 纽币。摄于 2018 年 4 月 2 日奥克兰 ASB Showgrounds 展览中心。

奥克兰皇后街店铺橱窗下躺着的乞丐。夜幕马上要降临了。在其不远处的天空赌场里人们征战正酣。

赌场边上的乞丐。他的字写得还是不错的，人也健壮。

摄于中国春节之夜。奥克兰皇后街时尚品牌 Gucci 店门口的乞丐和周末夜晚出行的时尚女郎。2018 年 2 月 16 日。

奥克兰皇后街豪华化妆品店门口的乞讨者。

奥克兰皇后街银行门口的乞丐。

奥克兰海港 Viaduct Basin 的流浪汉。

摄于奥克兰皇后街。2018 年 1 月。

狗的乐园

　　新西兰是个畜牧国家，新西兰人更是爱动物爱到"疯狂"的地步，特别是狗。新西兰虽说只有400多万人口，但却有200多万人养狗。在当地，别说你不能杀狗、吃狗，就是打和教训狗也不行。你要是打自家的狗，邻居看到了会给动物管理中心 Animal Control Service，或是动物保障协会 SPCA 即 The Society for the Prevention of Cruelty to Animals 打电话，或者直接打到市政厅。到时就会有人找你，罚钱不说，还可能会将你的宠物收走。

　　这里狗的尺寸和品种之多我不敢说是世界第一，但却是无奇不有。有人统计养一条狗的花费一年约需 1,800 纽币。你不但要定期带狗看医生，检查打针吃药，还要买狗粮和为狗洗澡修指甲，小的时候还要送狗去狗学校受训等。你每天还要保证有一定时间遛狗和陪狗玩。

摄于但尼丁市中心。一家养几只狗在新西兰是常事。2015 年。

摄于 The University of Otago（奥塔哥大学）校园内。狗的俱乐部。养狗之人常说，狗也要有正常的社交活动。2016 年 8 月。

摄于 Auckland Pet & Animal Expo 2018（奥克兰 2018 年宠物和动物展）。2018 年10 月 13 日。

　　遛狗时你必须带上狗屎袋。狗可能随时拉屎，你要马上捡起。带回家后扔入垃圾箱。为了省钱和方便，同时不脏手，用塑料袋不失为一项好的选择。这里遛狗的人很多，但你在便道和步道上几乎看不到狗屎。个别猫和大型飞禽拉的屎倒是时有所见。有的公园也免费提供狗屎袋。

奥克兰 Botanic Gardens 植物园的狗聚会日。

摄于奥克兰市中心海港码头。2016 年。

　　人狗同乐。周末出游的人们一般都喜欢带上他们的宠物狗。

摄于奥克兰宠物和动物展。2018 年。

Michael Joseph Savage 是新西兰第一任工党总理。他领导工党于 1935 年取得选举成功，他本人也因此成为新西兰的第 23 任总理。他在 1938 年选举中连任，并于 1940 年 3 月 27 日星期三累死在他的办公室里。人们称他是新西兰最伟大的总理之一。

M J Savage Memorial Park 纪念公园

新西兰人游玩或散步多带着狗。
摄于奥克兰 M J Savage Memorial Park 纪念公园。这座公园是为了纪念 Michael Joseph Savage 所建。2016 年。

Lake Taupo（陶波湖）镇中心的街雕也离不开人狗为伴。陶波湖镇被评为2018年新西兰最美大镇[31]。

从奥克兰去 Rotorua（罗托鲁瓦）和陶波湖路过的 Tirau 小镇上的狗形旅游咨询中心。

看来狗不仅能看家，能放牧，能导盲，还能"拉车"。

摄于陶波湖岸边。2018年。

31．2018年10月26日KNZB（Keep New Zealand Beautiful）组织宣布的本年获奖名单中，陶波湖镇被评为新西兰最美大镇。

摄于 Leigh 地区 Ti Point 码头，与狗同乐。2018 年 2 月。

准备跳。

跟我游。

往回游。

等等我。

拉上我。

到岸了。

　　当时狗兴奋地一直狂叫，主人不得不多次制止它，可见狗是多么高兴与人为伍，人的陪伴又是多么重要。这里的人们还常常为狗建立纪念碑。

上图是竖立在 Lake Tekapo（特卡波湖）岸旁的牧羊犬塑像。碑文上讲没有这只狗，不可能完成当年在此地拓荒放牧的艰难使命。可见悼文中对狗的崇敬之心。

THIS MONUMENT WAS ERECTED BY THE RUNHOLDERS OF THE MACKENZIE COUNTY AND THOSE WHO ALSO APPRECIATE THE VALUE OF THE COLLIE DOG, WITHOUT THE HELP OF WHICH THE GRAZING OF THIS MOUNTAIN COUNTRY WOULD BE IMPOSSIBLE.
UNVEILED ON MARCH 7TH 1968 BY SIR ARTHUR ESPIE PORRITT. BT., G.C.M.G., K.C.V.O., C.B.E. GOVERNOR GENERAL OF NEW ZEALAND.

"BEANNACHDAN AIR NA CU CAORACH"

With guide dog Halo by her side **Stevi can do anything**

"My guide dog Halo transformed my life." - Stevi

Halo is my hero. When I grow up I want to be just like her.

When 20-year-old Stevi was matched with her guide dog Halo, the first thing she did was walk into town. She didn't necessarily need anything from town – but she made that trip simply because she <u>could</u>.

Blind Foundation guide dogs like Halo bring incredible independence and freedom to people like Stevi, who are blind or have low vision.

But they could not do that without the support of generous Kiwis just like you, whose kind donations to the Blind Foundation allow us to train guide dogs and provide many other vital services.

Kening as the Chief Executive of the Blind Foundation, I'm writing to you today because we need more New Zealanders like you on board – so we can keep doing our very best for people across New Zealand living with blindness and low vision.

Will you please donate $25 to the Blind Foundation to help give people like Stevi the freedom and

Stevi with her angel Halo

上图是新西兰导盲犬协会号召大家捐款的宣传单。狗是人类的好帮手，不仅能够给盲人带路，帮人放牧，还为我们坚守海关大门。

左图为白色的德国牧羊犬/黑背。它在所有犬类的智商排名中列第三。摄 于 North Shore Memorial Park，2015 年 11 月 2 日。

这是一家狗的清洗店。真正的从头到脚地清洁。

这里与狗有关的服务也很周全，不仅有狗的医生，训练师和寄托所，还有从头到脚地清洁，刷毛，清理跳蚤和剪指甲等服务一应俱全。

近日媒体一段记录刚出生的小牛被牧场工人从他们的母亲身边拖走，然后像垃圾袋一样扔上卡车的视频，让动物爱好者义愤填膺。新西兰是奶制品大国，新西兰人又多爱动物。小牛要喝奶，人喝什么？这个问题一直困扰着这里的人们。这块竖立在奥克兰市中心的牌子上撕裂的图片上写着："他们在一起的第一天，也是他们离别的一天。她被挤奶，他被屠宰。选择不喝牛奶吧！"读来叫人心酸，更令人深思。

摄于奥克兰市城里 Fanshawe St（风水大街）。2017年12月。

192

老人和儿童的乐园

在新西兰，退休人士无论之前是干什么的都拿统一的国家退休金。年满65岁即可领取养老金。养老金对所有领取者一视同仁，一般每两周发放一次；但受多种因素影响，养老金也会略有不同。比如退休者是独居，还是夫妻，是否从ACC意外伤害局或Veterans' Affairs（退伍军人事务局）领取补贴，或者是通过其他司法裁判拿到补偿金等等。通常对退休夫妻来说，每人每两周可拿到591纽币，独居老人每两周可拿到769纽币（2017年标准）。在新西兰看病免费，按需就诊。吃药在医院不花钱，外面买每种药约5纽币，重复购买的药不收费，有的药房甚至全免费。政府只限极少数药标明自费。看GP（General Practitioner），也就是家庭医生是要自费的，一次约16—60纽币。个别GP也不收费，儿童免费或收少许费用。新西兰的父母只负责养育孩子到18岁。孩子18岁后就要自谋生计，打工、上学或申请临时失业救济金。因为18岁以后算成人，一切由本人和政府负责，反之亦然，孩子也没有义务抚养老人，养老由政府负责。老人不仅坐公交车、火车和轮渡不花钱，就是去很多公共服务场所也是免费的。如去游泳池游泳、泡按摩池和蒸桑拿浴等都不用付费。老人过世时，政府还会发放丧葬费用给老人的家属或托管机构。

敬老院与朝阳工程

在新西兰年满65岁就可以入住敬老院，低于此年龄的，如果有疾病或需要人照顾的，也可入住敬老院。老人入住敬老院国家付费，但需要评估。评估不仅包括对老人身体的评估，还包括对老人经济状况的评估。一般不能自理的老人和需要一定程度帮助的老人都可以通过评估。老人资产评估超过227,125纽币包括住房和汽车，或超过124,379纽币不包括房子和汽车（2018年标准），老人就要自己先行负担入住敬老院的费用，直到资产低于此数额为止，政府才开始付费。入住敬老院的费用，因各地区和敬老院的不同，而略有不同，一般是在1,033纽币至1,124纽币之间一周（2018年标准）。敬老院里，一般是一人一间房，包括家具和被褥等，有的房间带卫浴，收费会贵一些。老人也可以自带家具，把自己的房间打扮成自己在家时的模样。敬老院里提供吃住和24小时的看护，定时有护士和护工为老人打针吃药。敬老院不仅为老人做饭、洗衣和打扫房间，还为不能自理的老人洗澡、更衣、喂饭及处理大小便等。理发师和按摩师会定时上门服务。医生一般两周一次巡诊。看病、打针和吃药不用花钱。已领取退休金的老人入住敬老院时，政府会将老人退休金改为敬老院补助金直接划拨到敬老院。老人入住敬老院后，每周仍然可以从政府那里拿到50纽币左右的零花钱。

摄于奥克兰Parnell区敬老院的员工带老人参观玫瑰园。2006年10月3日。

新西兰敬老院的宗旨是提高老年人的生活品质。敬老院鼓励老人尽量做力所能及的事情和参加更多的活动。敬老院不仅提供室内活动，如活动胳膊腿的健身活动，活动头脑的游戏和棋牌活动；而且敬老院还时不时聘请乐师和文艺团体来院里表演。教会的诵经人员和学校的义工也时常来慰问老人。敬老院还经常带老人外出，如参加文艺演出，郊游观光，采摘瓜果和游泳等活动。

老人在敬老院的员工陪伴下采摘草莓。

坐落在南岛 Cromwell（克伦威尔）镇边上的 McElligott's Orchard 果园诚信付费自助售货摊。

人们采摘时可以随便吃，不收费；但摘下来要带走的，就要拿到草莓店里称重付费。敬老院一般是让老人采摘自己觉得鲜美的草莓吃，不用买，临走时敬老院的员工再采摘一些，称重付费后带回敬老院给没有来的老人们品尝。有时候也会买多了，因有的老人看哪个草莓都好，摘多了又吃不了，只能买走。有人开玩笑地说，馋了就到这里吃，吃完了不买走人。但这种事还真没发生过。新西兰是个讲诚信的国度。别说是草莓，就是苹果、梨等的采摘，免费吃，也没有光吃不买的。新西兰人讲诚信是出了名的。诚信交易很多，如有的农场或果园，就把产品放在大马路边的摊台上，装好袋子，分好类，标上价格，旁边放上个收钱罐，无人看管，路过的人自取所需，自觉付费。

摄于从克赖斯特彻奇市到皇后镇的路上。2019年1月。羊粪4纽币一袋，需者自取和自愿付费。

南岛奥塔哥半岛路边的诚信付费摊。蔬菜、鸡蛋和花木等都放在摊位上或货柜里。没人看管，路人可以自取所需，按价付费，把钱放进钱箱中。

这样自取，凭诚信付费的产品，不仅有瓜果梨桃，鸡蛋、蔬菜，还有木材、肥料和鲜花等。有个海外游客问我，会不会有的人光拿东西不付费，甚至拿了东西，再把钱罐里别人付的钱拿走，那不是太惨了吗？他的问话，确实让我为慷慨诚信的农家和商家担过心，但说实话，这种事还真没发生过，就是这里的乞丐也不耻为之。

新西兰的敬老院大多还有签约的文艺演出人员定期来敬老院表演。你可能难以想象，老人们会时不时地随着音乐起舞或引吭高歌。

敬老院的老人到奥克兰鸭子湖郊游。

鴨 子 湖

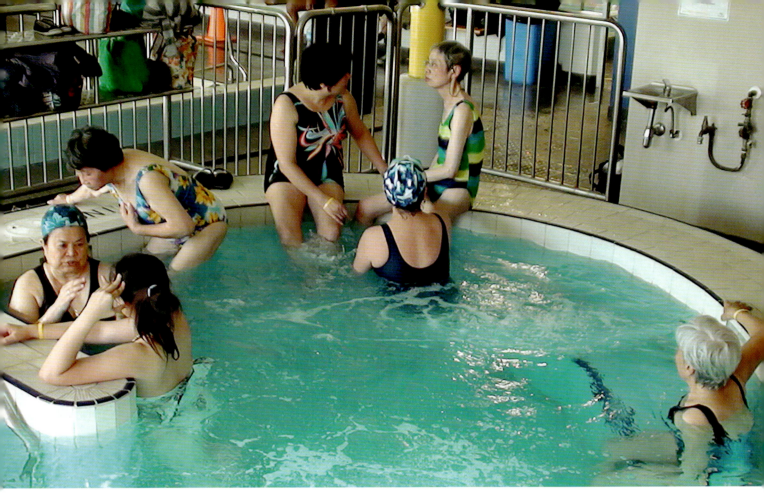

敬老院时常带老人去看文艺演出或组织老人去游泳馆等地活动筋骨。

　　有人说新西兰的老人和儿童是最幸福的，但对年轻人来说，想在这里挣大钱，搞事业就不容易了，此话不无道理。新西兰除了高福利外，养老观念的不同也造就了新西兰良好的养老理念和体制。新西兰人觉得把父母送到敬老院是再正常不过的事，就像孩子小的时候去幼儿园，该上学时上学，该工作时就工作一样，老人到了自理不便时，就应该去敬老院，就像有病去医院一样。我问过一位几乎天天去敬老院看望他母亲的中年洋人："你为什么不让你母亲待在家里呢？那样你就不用天天往敬老院跑了，不是更省时间吗？！这样一来，你不仅天天可以看到你的母亲，而且和她在一起的时间不是更长了吗？！"他听到我的问话，差点急了："这怎么可以，我上班时，她一个人在家，摔了、碰了怎么办？谁能给她吃上热饭？她做饭不小心忘了关火怎么办？……"他提出了一大堆问题，最后还加了一句，"那是犯罪！"指把母亲一个人留在家中是犯罪。他随后又问我为什么会提出这样古怪的问题。是不是他妈在敬老院里惹了麻烦，敬老院不想要他妈了？我赶忙解释，绝对不是这么回事，因为不少中国人认为，将父母送到敬老院照顾，而不是自己亲自照顾，就是不孝。很多中国人对敬老院是有成见的。他听了还是不理解。他说儿女们上了一整天班，又哪有能力照顾好父母？！敬老院24小时有员工照顾，有人做饭洗衣，打扫卫生，不是比儿女照顾得更好吗？！我想这就是东西方文化的差异，中国人也在改变观念，特别是移民新西兰的中国人正在慢慢适应西方的传统和习惯。

　　20世纪90年代初，新西兰几乎没有一家专门服务于中国人的敬老院，但这之后，随着中国移民的增多，特别是他们父母的到来。这些人的父母到新西兰时也大多到了退休的年龄，因此专门服务于华人的敬老院应运而生，并不断壮大。中国人大多是从洋人那里购买或承租敬老院，然后主打中国品牌，广招中国老人。他们在报纸、电台和电视上做广告，举办讲座，宣传入住敬老院的好处，转变人们的传统观念。特别是新西兰的养老政策和政府补助的力度，让中国敬老院也办得风生水起。

摄于奥克兰中国灯会活动。2018 年 3 月 2 日。

　　设在奥克兰中央公园最显著的草坪上失散儿童招领处的大棚，警车和救护车在旁边待命。几乎任何大型一点的活动现场都设有 Lost Kids（失散儿童招领处）。新西兰很少有拐骗儿童的事发生。孩子们自由地到处奔跑，迷路的事倒是时有发生。

　　这里的孩子多爱画脸谱，参加活动时，不是把自己的脸画成自己喜欢的动物，如猫、狗什么的，就是在脸上涂上自己喜欢的球队的队衣、队旗颜色。在新西兰众多活动中都有画脸谱的，而且是免费的。

摄于在奥克兰中央公园举办的中国灯会活动中。2018 年 3 月。

摄于奥克兰 Alexandra Park 赛马场，2017 年圣诞节。

摄于奥克兰 MOTAT 航空、运输科技博物馆。挖掘机师傅正在指导儿童如何操作挖掘机。孩子们一个接一个耐心地排队等待着。2018 年 4 月 1 日。

摄于奥克兰复活节活动日。2006 年。

　　这里的孩子从小就有很多机会接触自然界，接受生活的磨炼。如爬山涉水，攀岩，接触大型机械和野营露宿等。

　　新西兰 Day7 传媒 2018 年 7 月 10 日报道：住在新西兰北岛 Taranaki 的小姑娘 Ayla Hutchinson 小的时候看到母亲时常劈柴时伤到自己，就发誓一定要发明一种既安全，又简单方便的劈柴器具，让男女老少都能在保证安全的情况下劈柴。经过努力，她终于在 13 岁那年发明了 Kindling Cracker（劈柴神器）。并在当年获得年度最年轻发明家称号。Ayla Hutchinson 所取得的成绩，不能不说与新西兰从小培养孩子们的动手能力有直接的关系。

劈柴神器一经在市场上公开售卖后，便是好评如潮。据说，**短短几个月时间就在全世界范围内卖出了20万份**！Ayla更因为这项发明受封年度最年轻发明家，更是得到一系列国际上的发明大奖。

上图中举着锤子的姑娘就是劈柴神器的发明者 **Ayla Hutchinson**，她胳膊下面就是劈柴神器本人**Kindling Cracker**，发明神器时她只有13岁……

咖啡文化与选择

　　东西方之间有很多文化差异。学会选择和知道选择以及如何选择是东方人刚到西方的重要一课。刚到新西兰时，笔者第一次去吃汉堡，柜台的服务员问我要什么，我说来一个汉堡，她问我要什么汉堡，我使劲看着墙上的图片和价目表，结结巴巴地说要牛肉汉堡。她接着问我要什么种类的，然后又问要多大的，是标准的还是超大的，要不要番茄酱，是带走还是店里吃。我当时想，怎么这么麻烦，随便吃一个不就算了。接着她又问我喝什么？我说可乐，她又问，是普通的还是减肥的，要多大的。回答完这些问题，本以为这就可以了，不想店员又问我，要不要加冰？我被问得面红耳赤，好像是在回答老师的课堂提问，眼睛不够使了，头也晕了，嘴也结巴了。还没吃，就在柜台前站了近十分钟去选择和回答问题。

　　连麦当劳都不遗余力地主打它们的咖啡而不是汉堡包。奥　　店标上的咖啡广告。
克兰城里大街上的广告。

　　我当时觉得那一刻是那么漫长，吃个东西怎么这么费劲。甚至怀疑她们是不是看我是外国人，语言又不好，刁难我。还好，后面的人一直在耐心地等待着我，这让我内疚的心情没有转变成气恼。我第一次喝咖啡也碰到类似的情况。朋友请我吃西餐，点完主食后，问我喝点什么；我想吃西餐就喝个洋玩意儿吧，就对他说来杯咖啡吧。他问我要什么咖啡，我问他都有什么咖啡。他拿起饮料单，指着一长串古怪的外国文字说这些都是，并问我要不要加牛奶和糖，加多少？是把糖放进杯子里，还是放在杯盘上？是要大杯的还是一般的杯子？这时我才知道原来咖啡有这么多品种，也要做这么多选择。

　　奥克兰 Mission Bay 海滩主街上的咖啡厅。坐在上面，一边喝咖啡，一边可以观赏海上的船只和在海滩上玩耍的人们。

到了国外，我才知道，西方人讲究个性化和选择。如很小的孩子要吃冰激凌时，父母大多会很耐心地问孩子要吃哪一种，要多大的？是单层还是双层或是三层的。给孩子买衣物时，也大多征求孩子的意见，这和有些中国家长愿意把孩子打扮成自己喜欢的模样不同。在这里，孩子们上哪所学校家长也多遵照孩子们的意向，自由民主意识很强。这种传统是不是造就了西方人的选择习惯不得而知。

坐落在奥克兰 Domain Park（中央公园）里的咖啡厅，曲径通幽，时不时还有鸭子和天鹅从旁边旁若无人地走过。

有的咖啡厅本身就是一座公园，如坐落在奥克兰南部的 St Margaret's Country Garden Café（圣·玛格丽特乡村咖啡店）。

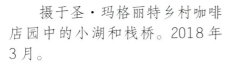

摄于圣·玛格丽特乡村咖啡店园中的小湖和栈桥。2018 年 3 月。

圣·玛格丽特乡村咖啡店坐落在闻名世界的良种赛马养殖基地 Karaka，这里培育出无数的世界名马。世界上所有的重大马赛上，人们几乎都能看到产自 Karaka 的马参赛。

这里小桥流水，鸟语花香，来此咖啡店的不仅仅有喝咖啡的，开 Party（聚会）的，还有观光旅游的；到这里约会和休闲的也不少。Karaka 居住着无数的大马主、训练师和骑手。每年在此还举行多场赛马拍卖会，届时来自世界各地的赛马业主，如澳洲、美国、英国、中国香港、新加坡等，云集此地，竞标争夺名马，有的两岁马就能拍到上百万纽币。

咖啡不能不说是西方文化风俗的一个重要组成部分。无论你走到哪里，无论是都市，或是乡村，你几乎都能看到咖啡厅、咖啡馆。你还可以在集会上，或是在大街小巷中看到形态各异的流动咖啡车。甚至在 Open Home（售房开放日），或 Auction Day（房产拍卖日），有的房产中介也会叫上一部流动咖啡车来助兴，你看房时喝咖啡是免费的。一般单位，如公司办公室、工厂休息室等也都设有自动咖啡机。每天喝几杯咖啡，一辈子喝咖啡的洋人不在少数。

奥克兰市内最繁华的皇后街咖啡厅。喝咖啡的人们观望着脚下如织的人群，却不知自己也成了亮丽的街景。摄于 1992 年。

分布在新西兰大街小巷、城镇乡村的，形式各异的咖啡厅、馆是最能产生情趣的地方。这里不仅是谈情说爱的好地方，更是躲避风雨小憩的好去处。而且很多商业往来，务虚签约也都发生在这里。请人喝咖啡不仅自然而且联络了感情，比起酒吧的狂热，咖啡厅更多了一些文雅。

这里的咖啡主要有 Flat White、Cappuccino、Mochacino、Latte、Long Black 和 Short Black 等。年轻好动的小姑娘多爱喝较甜的 Mochacino，它巧克力味比较浓。大学生和女士多喜欢 Cappuccino，它比较温柔，也有淡淡的巧克力甜味，适合初喝咖啡的人士。英国后裔和白领多喜欢 Flat White，它有泡沫和奶油味但不腻。Flat White 也是新西兰人发明的。不喜欢甜的，或血糖高的人多喝无糖的 Latte，有咖啡味而无巧克力味。 Long Black 和 Short Black 是浓缩的，量很少，但非常苦，咖啡味更浓，它不能解渴，但可以提神；适合口味重的人，一般初喝的人接受不了。

奥克兰国际机场一周 7 天 24 小时营业的咖啡流动车。

新西兰北岛北部 Whangaroa 海滩咖啡厅，让出海而归的人们感到温馨。

购物中心里的咖啡屋。逛累了，喝杯咖啡，吃个小点心，能量马上回来。

书店里的咖啡厅。方便读者细心选购和坐下来阅读图书，休息一会儿补充能量。

奥克兰天空赌场旁的咖啡店。屋檐上的猴子慢慢进化到人，进化到现代的人手里拿着一杯咖啡。

左图为奥克兰天空赌场里的自动咖啡机，为会员提供免费的咖啡和饮料。

右图为零售公司为员工提供的自动咖啡机。

　　离奥克兰市最近的 Waiwera Thermal Resort 热温泉池边上的咖啡店。喝几口热咖啡，然后跳进热温泉池中游两圈，爽！

　　去 Goat Island（山羊岛）路上的咖啡店，别具一格。Leigh Sawmill Cafe 咖啡店用废旧火车的拖车做装饰和标识。这个带住宿和餐馆的咖啡店还曾赢得过奥克兰地区最佳住店、吃饭、现场表演和喝咖啡的地方。让我惊奇的是，这个距奥克兰市中心约 100 公里的边远地方，居然也有中文标识。发廊名字丽丝的发音和地名 Leigh 吻合，又不失中国文字的美妙。

　　北岛 Tokoroa 小镇周末农贸市场边上的咖啡车。

售房拍卖日期间的免费咖啡流动车。免费咖啡似乎成了Bayleys地产公司拍卖时的惯例。摄于Newmarket区Bayleys地产公司拍卖日，2018年3月8日。

摄于奥克兰桥北Takapuna区Bayleys地产公司房产拍卖日。相信免费的咖啡仅仅是对参加拍卖的买卖双方而言。Bayleys地产公司应该是给咖啡流动车付费的。2018年3月15日。

奥克兰皇后街与Customs St街交叉路口处的咖啡屋。里面卖的咖啡原料和咖啡机品种多样。其橱窗和店内布置缤纷绚丽。

奥克兰市区到处可见的顶层露台式咖啡店。

人们在喝咖啡的同时可以享受阳光和观赏风景。

　　坐落在奥克兰 Greenlane 的别具一格的 Carfe 车咖啡店是新西兰著名橄榄球运动员和电视主持人 Matthew Ridge 开的。顾名思义，在你喝咖啡的时候，他们把你的车从里到外清洁得干干净净。他们的理念是，全人工清洁，有时一辆车三四个工人同时上手清洁。有给车内吸尘清洁的，有给车外洗刷打蜡的。你喝咖啡时通过窗户看到那么多人为你一辆车服务，你心里那个爽，就别提了，而且价格也可以接受。相比用机械自动洗车要舒服多了。在加油站等地洗车时，你自己要把车先开进洗车篷，坐在窗门紧闭的车里，等车洗好后再开出来。你只能看到自己的车窗被洗车液铺满，你一个人坐在黑洞洞的车里，忍受着刷刷的喷水声和嘎嘎的洗刷器扭动的声音，毫无美感和享受。虽然车咖啡店的收费约是自动洗车的两倍，但你还喝了咖啡呢！你还享受了呢！值了。

　　在车咖啡店里干活，技术性要求不高，工人的工资也不高，但它给很多年轻人提供了工作机会。有时人手够了，老板 Matthew 还是接纳申请者。有人认为他不会经营，我问过 Matthew，投资如此大，却挣不到钱，图什么？ 他说，试着创业。他觉得这种方式不仅给开车人带来了方便，还可以解决一些人的工作问题。特别是对那些没有一技之长和以前没有工作过的人。这种接人待物的精神难能可贵，这也是他做人比做事更重要的价值判断和选择。

　　奥克兰西区 Kumeu 小镇上的火车车厢咖啡馆成为小镇的地标性建筑。一些人周末开车几十公里到此，就为在车厢里喝上一杯咖啡。一些首次约会的男女也喜欢到此，寻求不一样的浪漫情调。

奥克兰北岸 Wairau Park 商圈里的咖啡店广告。广告说，一年中我们的连锁店销售出 300 多万杯好莱坞咖啡。你多喝还有中奖机会。

Mission Bay 海滩临海的咖啡馆不仅高雅别致，最大的好处是可以看到孩子们在海边玩耍的情景和俊男靓女在沙滩上的优美健朗身姿。

奥克兰 Viaduct Basin 海港区有众多的餐厅、酒吧和咖啡厅，但流动咖啡车一样有市场，而且增添了别具一格的热闹气氛。

Coatesville 乡村咖啡店。店旁还设有儿童游乐场，方便大人喝咖啡时，小孩在边上玩耍，大人可以隔栏观望。

在新西兰，到处都可以看到咖啡厅、馆，似乎什么都可以和咖啡拉上关系。而且很多咖啡店在某种意义上已成为人们早餐和午茶的好去处。

多数咖啡店在柜台旁边设有玻璃柜，里面有多种快餐食品，三明治、鸡肉卷、Pie（一种流行于新西兰的特殊馅饼）、Sausage Roll（肠式肉面卷），以及各种汉堡和点心等一应俱全。玻璃柜旁放有食品袋和夹子供人们自己选取。有些咖啡店也已经和餐馆等混在了一起，如法国咖啡店、越南咖啡店、土耳其咖啡店、马戏团咖啡店等，不一而足。

坐落在离陶波湖不远处 Huka Fall（胡卡瀑布）旁的直升机观光咖啡厅。

首都惠灵顿 Museum of New Zealand Te Papa Tongarewa（国家博物馆）广场上的流动咖啡车。车身图案就是博物馆的标志。博物馆更被人们熟知为 Te Papa。Te Papa Tongarewa 是毛利语："我们的宝库。"

奥克兰 Mt Eden Village（伊甸山商业街）上的马戏团咖啡馆。

在新西兰的各类活动中，几乎都可见到流动咖啡车。有的活动现场隔不远就有一辆流动咖啡车。

摄于奥克兰 Albany 区 Bush Road 路。ITM 建筑材料供应商木材堆放处的咖啡屋。2018 年 4 月。

它方便人们驾车直接购买，但到底有多少人来此买建材？又有多少路人停下来买咖啡？让我担心——这个咖啡屋如何回本，又何以生存呢？但事实上，这个看上去像是个临时大篷车的咖啡屋在此已经营业数年了。一杯咖啡四五块钱，成本不高利润大，但如果卖的数量不多，连人工钱也赚不回来。新西兰人的最低工资，截至 2018 年 3 月，一小时工资 15.75 纽币[33]，约合人民币 75 元。自己干，不计工钱，还是可以生存的。

2018 年 4 月 28 日，一个风雨交加的周六，附近很多地方，包括居民区都因暴风雨停电了，当时笔者正路过此地，却惊奇地发现，这家咖啡店仍然在风雨中开门营业。虽然看不到有顾客登门，风雨无阻说什么时候开门，就什么时候开门，不管有没有顾客，这种坚持可能也是这家店能生存下来的原因吧。就像这里的 Dairy shop 便利店一样，从超市或批发店低价买进货物然后加价卖出，图个邻里方便。居住在附近的人为买瓶水或小吃，开车去超市还不够费油钱的。所以邻里明知便利店贵也买，这就是为什么便利店东西贵，也能生存的原因。另外，便利店早开门晚关门也是一个原因。

---

33. 新西兰政府将最低工资调整到每小时 17.70 纽币，从 2019 年 4 月 1 日实行。

新西兰还时常举行制作咖啡的比赛，不光有味道、工艺、时间上的比赛，还有拉花比赛。2018年7月29日，在奥克兰举行的 Latte Art Championship 2018（拿铁咖啡艺术比赛2018年）拉花大师赛上，去年的冠军 Leo Li 再次获得冠军。他将代表新西兰出战2018年11月在巴西举办的国际咖啡拉花大赛。

这是获得新西兰前三甲的咖啡拉花大师。中间的是 Leo Li，祖籍中国成都的小伙子。我问他从事咖啡制作和拉花多少年了？是否在专业学校学习过？他说他没有在专业学校学过，是自己喜欢，从事这个行业已有几年。我发现这次比赛不仅是中国人拿了冠军，而且现场观众中也有很多中国人。看来中国人对咖啡也越来越感兴趣了。

铜牌获得者的拉花表演。

现场也有很多中国人的面孔。

不仅拉花大师们各个充满艺术气质，连观众也是艺术细胞浓浓的。

来自外省市的荣誉获奖者的拉花表演。

NZSCA 新西兰专业咖啡协会主席 David Burton 在比赛现场致辞。

David Burton 在致辞中不仅高度评价了参赛者和资助单位，而且特别感谢了一周以来为筹备此次比赛付出巨大辛劳的志愿者和义工。他说，没有他们的无私奉献和努力，就不可能成功地举办这次比赛。

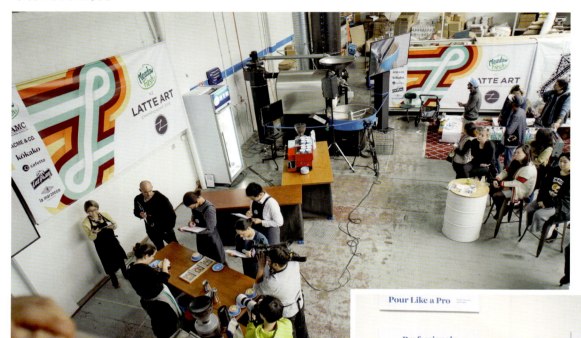

裁判和评委正在给咖啡拉花大师们打分。

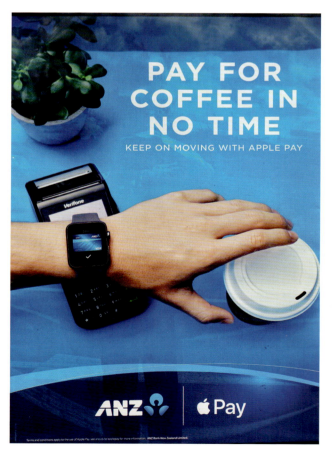

这是初学者中的佼佼者的拉花和专业拉花的比较。

新西兰最大的银行，ANZ 银行推广他们的苹果手机、手表付款方式也离不开咖啡。

正如星巴克创始人 Howard Schultz（霍华德·舒尔茨）所说：星巴克不仅是一杯咖啡，而且是一种流行的生活方式。这似乎也诠释了新西兰人之所以那么酷爱咖啡。

生活中的选择

在新西兰生活，处处面临选择。无论是吃穿住行，还是上学看病，你似乎都面临选择。有些选择还是要依靠你的知识和经历才可以做到。

一次朋友的孩子被自家的狗咬了一下，破了点皮和流了点血。家长不放心，带孩子去医院看急诊。到了医院，接诊的护士说没事，叫他们放心地回家。母亲说可否打一针防狂犬病的针，护士说新西兰没有这种针。父亲说他也曾经被狗咬过，在新西兰就打过防疫针。护士说那你就等着看医生也行。不过看病的人多，你们可能要等4—5个小时。多亏父亲有经验，他对那个护士说，可否将孩子转到不远处的 Shore Care Urgent Care Clinic（北岸急诊所）。

这个护士可能是一时忘了还有一家与此医院挂钩的诊所可以处理急诊，好在父亲知道病人有这个选择。若你不知道医院有防疫针，你可能就回家了，若你不知道附近还有看急诊的地方，你可能真要等4—5个小时了。最后孩子被免费转到了只有3分钟路程的北岸急诊所，等了不到5分钟，孩子就被这里的护士消了毒，打了防感染的针。再观察20分钟后，就回家了，一分钱也没有花。打的针虽然不是狂犬病预防针，但确实解决了今后可能感染的后患。这里的医生说新西兰没有狂犬病，所以也没有狂犬病疫苗。

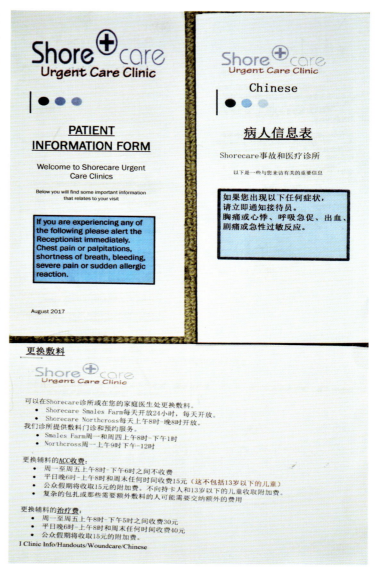

上图：在这里看病很方便，不仅有说中文的医务人员，还有中文的看病指南，但你要知道有这些才行。

跟这里的会计师和律师行打交道，你也面对选择。你首先要决定你要干什么，找什么样的会计师和什么样的律师。他们虽然专业，你也要清楚地认识到他们只是为你办事，没办好，出了问题，责任还由你负。税报少了，税务局仍然会找你；官司输了，也是你的责任。他们会说是你委托他们这样做的，他们是根据你提供的材料文件办的。有一句话说得好："你的事，你做主；你决定，你负责。"你可以多方面地请教和咨询，但不可盲目依靠他们。这是经验之谈。

我认识一个朋友，税交少了，税务局罚了他很多钱。他觉得冤，他认为他所有账全是专业会计师做的，出了事也是会计师的问题。但结果是，税务局只找他催罚款。会计师解释说，他全是按客户所提供的材料做的，就没事了。问题出在他有一部分收入没有记入也没有报税，可是这个朋友根本不知道这部分要记入要上税，他根本不知道什么该上税，什么不该上税。他想当然地认为亏钱的买卖就不用报税了。他怨那个会计师为什么不提醒他。会计师说，我也不知道你还有这么一部分收入又怎么提醒你呢。不知者，不怪也。但罚款还是要交的。

还有一个例子。一般人都知道海外人士购买5公顷以上的农田牧场等新西兰土地或物业时，要先申报OIO即Oversea Investment Office（新西兰海外投资办公室），批准后才可购买。这也是常识。90% 以上的人理所当然地认为购买 5 公顷以下的土地或物业就不用申报了，很多人也是这样做的。我的律师就碰到这样一个案例。一个中国地产投资人，买了 3 块都小于 5 公顷的物业，其中也有农庄。结果被罚 100 多万纽币。其中一个被罚 80 万纽币的物业，在我的律师的努力抗争下，改为 40 万罚款，这已是最好的结果了。我不解地问律师为什么。他告诉我，5 公顷以下的农庄也不一定就不要申报，如有的海边农场，靠近国家特殊保留地或敏感地区的等等，也要申报。他告诉我他的客户买卖时请的是另一家律师行的律师，那个律师也不知道那些地是不能不报批就购买的，所以过了户。律师跟海外投资办公室交涉，讲不知道有此规定。而且土地证上也没有说此物业有特殊规定不可以买。如不可以买，应该注明。海外办公室回复：是买家的责任，买家有义务在购买前调查清楚。海外投资办公室没有义务对每一个物业标注可买可不买，这些都是你们自己的义务和责任。罚款还是要交的。这里当然也有运气的因素。如果那个买家买此农庄前找的是我的律师，律师就会建议他做个 Oversea Investment Act Certificate（海外投资法证书），发现问题后不买或申报批准后再购买就不会被罚款了。当然买家还要有这方面的知识才行，签订买卖合同的时候，要放上获得和满足海外投资法证书这一条款才不至于陷于被动和罚款。

CERTIFICATE FOR THE PURPOSES OF SCHEDULE ONE OF THE OVERSEAS INVESTMENT ACT 2005

PART B – SENSITIVE LAND

			YES	NO	REF
2.	The land the subject of this certificate is or includes:				
(a)	Non-urban land larger than 5 hectares		☐	☑	___
(b)	land greater than 0.4 hectares on islands specified in Part 2 of Schedule 1		☐	☑	___
(c)	land on other islands (other than North or South Island, but including the islands adjacent to the North or South Island)		☐	☑	___
(d)	the foreshore or seabed		☐	☑	___
(e)	land larger than 0.4 hectares being the bed of a lake		☐	☑	___
(f)	land larger than 0.4 hectares held for conservation purposes under the Conservation Act 1987		☐	☑	___
(g)	land larger than 0.4 hectares that a district plan or proposed district plan under the Resource Management Act 1991 provides is to be used as a reserve, as a public park, for recreation purposes, or as open space		☐	☑	___
(h)	land larger than 0.4 hectares subject to a heritage order, or a requirement for a heritage order, under the Resource Management Act 1991 or by the Historic Places Trust under the Historic Places Act 1993		☐	☑	___
(i)	a historic place, historic area, wahi tapu, or wahi tapu area larger than 0.4 hectares that is registered or for which there is an application or proposal for registration under the Historic Places Act 1993		☐	☑	___
3.	The land the subject of this certificate is greater than 0.2 hectares and adjoins:				
(a)	Foreshore		☐	☑	___
4.	The land the subject of this certificate is greater than 0.4 hectares and adjoins:				
(a)	bed of a lake		☐	☑	___
(b)	land held for conservation purposes under the Conservation Act 1987 (if that conservation land exceeds 0.4 hectares in area)		☐	☑	___

海外投资法证书样本。

法律与人情

奥克兰北岸地区法院。

新西兰的庭审制度和中国有很大的区别。新西兰的每个公民都有可能成为法院的陪审团成员。陪审团成员是随机挑选的普通市民，选上的人必须出席，无理由不出席的是犯法行为。雇人单位哪怕临时雇佣他人，也必须要让选上的职工参加这项法律服务。

这项服务叫 Jury Service（陪审团义务）。根据不同案件，选上的人可能被要求出席一天或几天，有的时候是两三个星期的服务。作为陪审团的一名成员你不需要任何法律常识和知识，你可根据你自己的感觉发表意见和做决定。出席陪审团，政府会给你发工资。工资是固定的，有的可能没有你在单位工作的工资多，但基本可

新西兰法院徽章。

以维持生计。如有困难还可以酌情申请额外补偿，有的雇人单位还会补上差额。政府法庭的付费情况，一般半天是31—40纽币，全天是89—163纽币，可根据具体时间的不同而定。

JURY SERVICE

Home > Courts > Jury service >
What you get paid > Attendance fees

Attendance fees

Shortly after you do your jury service, you'll be paid for each half-day you spent at court.

The fee is to thank you for your service. It's not meant to replace your wage or salary.

	First 5 days you attend court	6th and subsequent days you attend court
For each half-day	$31	$40
If you're at court between 6:00pm and 9:00pm (this is your payment for the whole day)	$89	$114
If you're at court after 9:00pm (this is your payment for the whole day)	$127	$163

上图为新西兰政府法庭对公众出席陪审团的付费明文规定。

　　新西兰的这种法律服务看上去好像并不专业，甚至有的人认为这是不严肃的。还有的人质疑那些毫无专业法律知识的陪审团人员，在其的影响和表决下会不会草菅人命？但事实上还真没发生过那样的事情。出席陪审团的人员，大多富有同情心和正义感。他们大多会集思广益，反复探讨案情，大多时候还真能做出既符合法律又顺应人情的决定。有人说，你在新西兰只要不犯法，按时交税就可以生活的无忧无虑。这话基本属实。

赛马和其他博彩业

　　赛马是新西兰文化和生活方式的重要组成部分，几乎天天都有赛事，特别是节假日，新西兰各大城市都举行大的赛马活动，尤其是杯赛活动让人们更加疯狂。赛事当天，还有不少其他活动，如服装秀、选美比赛、儿童游乐、美食以及募捐和聚会活动等。节日赛马当天不仅奖金高，下注的人们也出手豪爽。人们对参加大的赛马日十分重视，有人把它当成自己的节日。男人们穿着庄重大方，女人们都打扮得花枝招展，孩子们更是撒欢地在草地上奔跑和在人群中穿梭；很多家庭好友还会在马场的草坪上摆摊，支帐篷饮酒和野餐，政府要员也会参加赛事。如2016年时任新西兰总理的 John Key（约翰·基）和中国驻奥克兰总领事许尔文就到"华人赛马嘉年华"活动现场祝贺。此活动是华人社团配合每年一度的 NZB Karaka Million 大赛举办的华人赛马活动。

　　摄于 Ellerslie Rececourse 赛马场。它是新西兰最著名的马场。2017年12月26日 Boxing Day 节礼日。

　　新西兰赛马有着悠久的历史。第一次的马赛是在1835年。由于交通和通讯条件的限制，当时只有地区单独的马赛，也没有转播。直到1893年才成立了全国统一的赛马委员会，统一了赛马制度。1951年政府接管了赛马业。

　　人们穿着最好的衣服，像参加盛典一样来到马场。

左图：在赛马场下注站抢购马票下注的欢乐人群。

右图：人们除了可以在马场赌马外，还可以在马场以外的 TAB 赌马站赌马。

在一般的 TAB 赌马下注站里，它的墙上大都贴满了当天各个场次赛马的信息，头顶上的电视银幕更新和滚动着各场赛马的赔率和成绩。1991 年初，我刚到奥克兰不久，无意中路过奥克兰 Dominion Rd 多美路 [34] 上的一家 TAB，店里正在广播着什么，人们将钱递进有栅栏的窗口正在购买着什么，可又看不到窗口递出什么货物。这家店不大，看上去像当时中国的粮店米店，可店里什么货物也没有。店里除了带窗口的柜台和少量桌椅外，再无他物。

我好奇地走进去，问一位毛利老者，这里卖什么？他回答说是卖马票。我好奇地问马票是什么东西？又如何买？买来干什么？老者拿着他手里的马票给我耐心讲解，我听着像天书。一来英文不行，二来对赌马根本没有概念。再者，那时的赌马下注站还没有电视直播。他反复说着 Quinella\Trifecta 什么的，听的我是云山雾罩。不过他厚重的以 la 和 ta 结尾的单词却给我留下了深刻的印象。我问他你花了多少钱？他说 12 块纽币。我又问他拿回多少？他说 84 块纽币。不到 10 分钟，就赚了 72 纽币，太容易！太牛了！那时我想，这可是我在意大利餐馆刷碗两三天才能挣到的钱啊。他说他买的是 Quinella。在研究了一下他的马票后，我似乎明白了一些。就是选择两匹马的组合。这两匹马要跑进前两名，前两名不分先后。他告诉我，还可以买独赢，买赢第一或所选马匹跑进前三名，你选择的马跑进前三名都有奖。我问他现在可以买马票吗？他说你可以买下一场的。接着他领我走到店里拐角处的一面墙旁边，指着墙上的告示板说，所有参赛马都在上面，你可以据此选择。同时他教我如何在固定的、印好了的购买马票的单子上填写金额和所选马匹。我当时想一匹马保证跑第一不容易，但跑进前三，概率大；于是就花了 1 纽币买了一匹名字好听，号码又与自己生日相同的马。广播里又传出了叽里呱啦的声音，除了个别单词，如 last one，即最后一名等，我一句也听不懂。老者说这是跑马现场的解说。他听了一会儿对我说，祝贺你，你选的马跑了第一，然后告诉我，赔率是十几块钱。第一次出手就赢了大钱，太让我高兴了。可是，当我把那张从机器里印出来的马票再次递进铁栅栏下的窗口时，售票的人只给了我 2 纽币。我说不对吧？！老者过来看了看，说：太可惜了，你为什么不买独

34. 奥克兰的 Dominion Rd（多美路）现已被奥克兰人公认为中国一条街了。沿路两旁都是中国店铺和餐馆。这里最早是中国留学生的聚集地。

赢呢？买 Place，就只有 2 纽币的赔率。后来才知道，我买的跑进前三的马票叫 Place，赢率虽大，但赔率小。没关系，再来。我又开始填单下注，买了下一场一匹马的独赢，这回是根据我的出生月份选的马号。当广播里快速地叽里呱啦一番后，得知我的马跑了第二名。我高兴地将马票递进了窗口。心想第二名就第二名吧，不就是少赢点嘛。卖票的把我的马票塞进那部曾吐出我马票的机器后，又把我的马票扔进了他脚下的垃圾箱，说你没中奖。我说我的马不是跑进前三了吗？！卖票的冷冰冰地回我一句，"你买的是第一"，并将我那张马票从垃圾箱里捡了出来，扔到了柜台上："你要保存吗？"老者告诉我，我的票确实没有中奖。我要是买独赢加 Place，也就是加买前三名，说不定就可以保本了。他解释说，你买的马独赢是 9 纽币，跑进前三是 2 纽币。你买 Eachway 就是既买它赢第一，又买它跑进前三。这样它跑第一，你两项都赢是 11 纽币，你花 2 纽币赢 9 纽币，它跑第二或第三，你赢 2 纽币，也保本了。老者确实有经验。我下一场改买 Eachway 了。结果出来了，我的马跑了第三名，我心想这下也不错，可以保本了。可是当我的马票递进窗口后，我只收回 1.75 纽币。问其由，告知赔率降了，我还赔了 0.25 纽币。老者说赔率随时变换，因为买马票的人随时下注，下注的金额不同改变了赔率。赔率都是按中奖概率和购买资金换算来的。一般赔率最高的是 Trifecta，即三重彩。也就是猜中一场马赛中跑进前三名的马匹，而且顺序要对。由此我才知道这个店就是遍布新西兰各地的 TAB 赌马站之一。

图中左边的是赛马年历，右边的是赌马的下注单，二十来年基本没变。

随后在去餐馆打工的路上，但凡路过这家店，我都要进去买几张马票。一两个月中，几乎每买必中，每次都能进账二三十纽币。买的马票有的可以当时就兑现，有的没时间等，第二天再兑现；加上我还能刷碗挣钱，让我真的飘飘然了。我跟同宿舍的人讲，很快我就会成为百万富翁了。一位大我几岁的室友帮我算了一笔账。他说，你一天就算能保证赚 100 多纽币，一年也就是三四万纽币，不吃不喝也要用 20 多年才能成为百万富翁。我想了想，一下就泄气了。虽然比起同宿舍的有些人来讲，我算幸运，因为好歹我有份工作，基本上可以养活自己，还能略有结余。相比之下，我的大多数室友还没有工作，他们还在为找工作发愁，还在为生存而奋斗。

我的室友看到或听到我的情况，也都蠢蠢欲动。一位来自中国南方的大学生问我如何赌马。我把电台里正在播送的赌马广播打开，里面叽里呱啦叫着。我说人家都是按照这个赌马的，广播中有开赛前马的介绍，包括赔率和现场转播。他听了听，问我学了多长时间英语。我说国内学了点，现在奥克兰语言学院学英语，有几个月了，是中级班。他说你要重新开始，从 ABC 开始学英语，你以前学的都白学了。我问他，那里面到底说的是什么语言？他说他也不知道，可能是毛利语，他说他出国前英语托福考了 600 分，再差，是不是英语总能听出来吧！室友全部无语，我也深信不疑。但没过几天，他跟我说他也去了那家赌马站。上次我叫他听的确实是英语，确实是赌马，只是说的太快，其中又有很多马的名字，马的名字又不全是英文，哪国的都有，有意大利、法国和毛利语等。他的这个说法也叫我多少安下了心，至少不用从头再学英语了。

来到马场的姑娘们更是兴奋。真马骑不上，骑假马也要过把瘾。

2002年新年Ellerslie Racecource赛马场服装秀获奖者们。

　　说到赌马还有一个插曲。一天上完英语课，老师把我叫到一边，问我是不是周末去马场看赛马了。我问老师，你怎么知道的？她说在电视上看到你了。我说，这怎么可能呢？她说是真的，是电视台报道外国买家，特别是亚洲买家来新西兰购买马匹的新闻。她告诉我去电视台可以要一个Copy，即新闻报道录像带。她教我，到了电视台你就说，I was on your yesterday eveninng news（我上你们昨天的晚间新闻了）就行了。于是我去了那家电视台，没想到，电视台要我买，我付了30纽币，得到了那段新闻的录像带。回家一看，我快笑掉大牙了。一个特写大镜头给了正在观看赛马的我，背景语音是，香港富豪到新西兰采购良种赛马。可怜的摄影记者哪里知道，当时的我连生存都成问题，哪里有什么钱去买马，就连我那件笔挺的西服上装还是花2纽币从跳蚤市场买来的。那西服确实不错，看上去很有档次，为此我叫一位懂行人看看，想知道是什么牌子。看西服的人问我是不是有了英文名字，我说不是。他说那为什么西服内口袋上方绣着Designed and Exclusively Made for Mr. Rod Amumdsen。后来才知道我花2纽币买来的那件西服原来是人家特意为Amumdsen先生设计制作的，不过穿在我身上还挺合身。也不知道这件西服到底有什么魔力，但它确实又给我带来了另一段奇遇。一次我与家人去距奥克兰100多公里的Hamilton（汉密尔顿市）观看赛马。天气不太好，较冷并刮着风。我为了抄近路，从坐人不多的观看台上，迈过一排排的座椅，正准备迈到较高处观看时，一名穿制服的工作人员向我跑来，我想完了，人家一定不让跨越座椅，这回要罚款了。那人让我跟他到看台最上方的房间里去，家人看我被带走，也跟了上来。进了看台上方的房间里，我发现房间里也有不少人围在桌子旁，边吃、边喝、边看、边赌马。他们的每张桌子上方都有电视机，屏幕上有滚动的赌马赔率和现场转播。房间尽头有一大排下注机，每台下注机后都有售票员在忙碌着。工作人员带我们来到一张空闲桌椅旁，安顿我们一家坐下后，问我从哪里来？我说从奥克兰来。他说这么大的风，这么远，你们又带着小孩，为什么还坐在外面看台上。这里是VIP，即贵宾室，以后你们再来就直接来这里。不方便的话，我们有车可以接送你们，这时我那颗剧烈跳动的心才恢复了正常。我答道，不用了。他又问我们常来吗？我说有空我们就自己来，不麻烦他们。他又问我们喝不喝什么东西？吃不吃什么东西？他同时用手指了指旁边不远处的食品饮料销售处。我说太好了，然后就起身买了些糕点和饮料，一场虚惊就这样过去了。

奥克兰的 Alexandra Park 马车赛马场。

在奥克兰和其他城市还没有赌场之前[35]，新西兰的赛马、赌马业办得风风火火。特别是每周五晚上定时在奥克兰市中心 Alexandra Park 举办的马车场的比赛。Alexandra Park 坐落在奥克兰最大公园 Cornwall Park / One Tree Hill（一树山）公园旁，紧挨着奥克兰最大的展览中心 ASB Showgrounds，又毗邻奥克兰高档商圈 Newmarket 和奥克兰最重要交通枢纽 Greenlane。每周这个时刻，这里人山人海，灯火通明，喊声震天。

这里不仅热闹非凡充满激情，更创造和刷新着纪录，而且还流传着很多感人的故事。当时无论是马主、训练师还是赛马，都形成了群雄争霸的局面。很多名马，在不同的赛场上，叱咤风云，各领风骚。如 Chokin、Christopher Vance、Blossom Lady、Master Musician、Victor Supreme、Montana Vance、Courage Under Fire 等等，新西兰邮政局还为其中的一些名马发行了邮票。

Chokin 的故事

在我听到的故事中，最感人的无外乎 Chokin 和它的主人兼训练师 Barry Purdon 即老 Purdon 了。他是 Mark Purdon 的哥哥。B Purdon 和 M Purdon 都是新西兰著名马主及王牌马车训练师和骑师。新西兰的 Purden 家族在培养、训练赛马和驾驭马车的领域中，扬名世界，经久不衰。

B Purdon 曾经拥有一匹会让所有同场竞技的马主和赛马都感到畏惧的马，那就是 Chokin。Chokin 生于 1988 年，约两岁时就在马场上崭露头角。因此 Purdon 带它参加了在澳洲举行的马车大赛。第一次在澳洲参赛，因为太想为主人赢得冠军，Chokin 在起跑时的加速度居然超过了领跑的机动车，它的鼻子撞在了领跑车的围栏上，骨折后不能不退赛了。痊愈后的它，在威震澳洲后回到了奥克兰。它获得过各项比赛的冠军并在新西兰创造了多项赛场纪录。如 Chokin 用 3 分 59 秒 5 的成绩完成了 3,200 米的赛程。成为新西兰第一次有马车跑这个距离少于 4 分钟的马，它因此也被评为 1993—1994 年度的最佳年度马。

---

35. 奥克兰赌场 SkyCity Casino 开业于 1996 年 2 月 2 日。

Alexandra Park 马车场。马车和骑手正在冲出起跑线。

　　在 Chokin 受伤期间，一匹叫做 Victor Supreme 的马横空出世，横扫赛场。以 10 场、11 场连续不败的战绩傲视群雄。根据竞赛法则，它让米的距离也越来越长，从 10 米到 20 米再到 30 米再到 40 米，但 Victor Supreme 始终不可战胜。这匹马是奥克兰另一大马主和训练师的法宝。这匹马在赛马中属于小个子，但浑身黝黑发亮，跑动的姿势与其他的赛马不同，就像踮着步子踏着云朵在飞翔，它每次出场都吸引着所有人的眼球。人们都说它不是在跑而是在飞，能打败它的马可能还没有诞生呢。了解内情的人都把希望寄托在 Chokin 身上，希望它哪天能复出与之一战。Chokin 和 Chokin 的主人 B Purdon 每天清晨在太阳还没有出来时就到了训练场。Chokin 似乎也意识到了什么，或是闻到了大赛临近的气息，训练中更加刻苦。在人们的期盼中，1994 年盛夏，在 Chokin 六岁时，这场王中王的世纪决战拉开了序幕。但残酷的事实是，根据规则，按 Chokin 的历年成绩，它要让 15 米给所有的马，包括 Victor Supreme。不要忘了上场的都是世界名马，有的还来自澳洲，包括本地南岛的王牌名马 Master Musician，听名字就知道是一匹调教有方，艺术魅力四射的马。比赛开始了，Chokin 一直跑在十几匹名马的最后面，一圈跑完后，Chokin 还没有跟上来，而 Victor Supreme 像以往一样，开赛不久就以它轻快、行云流水般的步伐把其他的马远远地抛在了后面，一直跑在队伍的最前头。所有的人都为 Chokin 捏了一把汗。最后一个弯道，Chokin 加速了，它从远远的外道追了上来，一匹一匹的马被它超了过去；但 Victor Supreme 也在加速，而且遥遥领先，离终点不到 80 米 Chokin 仍然以多半个身子落后于 Victor Supreme。人们狂呼着 Chokin 加油、Chokin 加油。因为人们知道如果过了今天，可能再没有什么马可以战胜 Victor Supreme 这匹神一样的马了。离终点线 10 米、5 米，Chokin 还是落后。但就在这一刻，Chokin 不知从哪里来的神力，闪电一般与 Victor Supreme 一同冲过终点线。人们呆在了那里，场上呼叫声似乎也一下子静了下来。有的人叹息着，有的人在问询邻里是否看清谁得了第一？这时赛场的喇叭响起了刺耳的长音 Ra···Ra···Ra···，这种特殊的长音告诉人们，要用高速摄影机慢放电视录像来分辨胜负了。结果出来了，镜头的回放在大屏幕上不断地显示 Chokin 以一个鼻尖的位置领先。人群沸腾了，一些相识的人拥抱在了一起，有的不认识的人也握手、碰拳、击掌庆贺。Victor Supreme 终止了它 17 场连胜的纪录，Chokin 也再一次不负众望，赢得了这场最艰难的比赛。

但在这之后，在马场上几乎再也见不到 Chokin 那巨大的身影了。突然有一天，新闻里传出了噩耗，Chokin 死了。它死在了晨练的训练场上。老 Purdon 泪流满面，他说 Chokin 是他几十年间见过的最勤奋的马，这匹马每天早上都早早地等待着 Purdon 的到来，自觉地走上训练场，从不主动退场。它死于麻痹和血栓。老 Purdon 说一生驯马看到这一幕，真是太残忍了。他由此发誓再也不驯马，再也不骑赛马了。Chokin 死于 1995 年 5 月 6 日凌晨。它创造的一英里赛场纪录 1 分 56 秒 2，至今没有被打破。

摄于奥克兰 Alexandra Park 马车场。Purdon 家族 B Purden 的弟弟 Mark Purdon 在新年之夜的大赛领奖台上。电视台的记者正在采访他。2017 年 12 月 31 日。

Montana Vance 的宿命

记得 20 世纪末，我家招进了几名中国来的留学生。也就是 Home Stay[36] 即家庭寄宿。他们大多是语言学校推荐来的，是到奥克兰学英语。一次同他们一起去赛马场，一位姓王的留学生问我，好像马场的广播里老在念他的名字，他不知道是怎么回事。当赛马的现场广播又响起时，他说好像就是什么 Vance。我说是 Montana Vance 吗？他说：对，对，对！然后告诉我，他刚到奥克兰时，James 给他起的名字就是这个。James 比小王早 3 个月住进我家，英语要比刚来的小王好很多。我问小王 James 为什么要给你起这个名字啊？他说：我觉得他来的早，英语不错，就叫他帮我起个英文名字。他拿出一张单子，上面有很多不同的名字，像 Blossom Lady、Master Musician、Courage Under Fire、David Moss、Vialli，这些名字都很好听。我选了 Montana Vance。

说起 Montana Vance，一定会让一些中国人刻骨铭心。它是继 Chokin 之后，在 Purdon 家族里冉冉升起的又一颗明星。自它获得了 1992 年新西兰 2 岁马大赛的冠军以后，几乎每次出场都有斩获，不是第一，就是第二；特别是 1994 年获得新西兰马车大赛冠军后，赌马的人已习惯用它做 Anchor，即根；也就是用它与别的马做组合，买二重彩或三重彩的马票，每买必中。赌家不亦乐乎，Purdon 家族也把它看成接替 Chokin 的首选。新西兰的马车赛主要分南北岛赛，南北岛都有王牌马，时不时开展南北岛马车对抗赛。不幸的是，在参加一次南岛举行的南北岛马车争霸战中，Montana Vance 名落孙山。原因据说是吃了不良的南岛草料，拉稀所致。此后长期未参赛，一直在调理恢复之中，大家都在关注着它的复出。

---

36. Home Stay 在新西兰流行于 20 世纪末和 21 世纪初。中国改革开放后，富裕的一代中国人将他们的子女送出国门，希望学好英语然后再在国外上大学，或移民。他们多是十几岁或二十出头的年轻人。只身一人来到国外，希望有家庭提供饭食住宿，同时放学后还可以练习英语和了解本地生活。本地人又希望有些外来收入。因此，Home Stay 应运而生。

摄 于 Alexandra Park 马车场。2017 年 12 月 31 日。

　　从这张照片中我们不难看出参加马赛的老年人占了绝大多数。马场也不景气，不少马场只好靠举办其他活动和卖地生存。如奥克兰的 Avondale Racecourse 马场从几十年前就出租场地给每个周日的 Flea Market 跳蚤市场 / 自由市场。谁交点钱就可以摆个摊卖货。从水果、蔬菜到五金、水暖和电器，从鸡鸭鱼肉到服装百货再到家具、旧货，无所不有。新西兰赛马委员会每年分配给 Avondale Racecourse 马场的赛马场次也越来越少，因此马场也几度要关门。老一辈人对赛马事业的热情和执着让人佩服。自从新西兰最大最豪华的马场，奥克兰 Ellerslie Racecourse 马场在十几年前因为运营负担过重而卖地建饭店和私人医院开始，不少马场效仿。有些边远的小马场还倒闭了，特别是 TAB 马场外围下注站关闭了很多。有些 TAB 还不得不和酒吧、饭店及游戏室等挂钩。单纯的靠赌马佣金已无法生存，TAB 下注站的赌马佣金一般只有 6%。试想一下，任何一家赌马站，如果一天下注的总额不到 5,000 纽币的话，也就是说一天收入不过 300 纽币，店主连房租水电和人工费用都付不起，又如何生存？

　　比较典型的 TAB。它坐落在奥克兰 1 号国道和 Upper Harbour Highway 高速路旁，是一家集赌马、喝酒和快餐为一体的娱乐点。这里的石板烧烤牛排很有名。

除了赌马，这里还转播有线电视节目，如世界杯足球赛、橄榄球大赛和拳击等各种收费的体育节目，以此吸引顾客。TAB 不景气的重要原因还在于：现代下注工具的电子化和网络游戏的普及，以及年青一代的趣向不同等，这些都影响了赛马业。还有就是赌场也抢走了马场的不少生意。

摄于 Avondale Racecourse 马场周日的跳蚤市场。1991 年。

记得第一次去跳蚤市场是在一位室友的引领下。当时 Avondale Racecourse 马场周日的跳蚤市场和 Ellerslie Racecourse 马场周日的二手车市场成了中国留学生必去的地方。

摄于周日 Avondale Racecourse 马场的跳蚤市场。1992 年。

新西兰最著名的 Alexandra Park 马车赛场紧步 Ellerslie Racecourse 马场的后尘，也卖地大兴土木工程，塔吊林立地建公寓大楼。马车赛有它极为辉煌的时期，在 2000 年前不管从举行的场次上还是参加的人数上都要比现在多很多。为了振兴赌马业，新西兰竞赛委员会也确实费了脑筋，包括吸引好赌的中国人，为此他们还印制了不少有关赌马的中文版刊物和广告。尽管新西兰的赌马已大不如前，但每逢佳节，赌马盛会依然轰轰烈烈地举行，人们更是蜂拥而至。赛马已不是简单的赌马，而是集体的盛会和文化的盛宴。如墨尔本杯赛和奥克兰杯赛等，有的单位还给职工放假去马场助兴。

摄于 Alexandra Park 马车赛场。2017 年 12 月 31 日。马场卖掉的地上，塔吊林立，正在兴建公寓。

上图为中文版的赌马宣传册。

除了赛马、下注站和赌场以及酒吧间里的游戏机/老虎机等赌博项目和设施外，新西兰的赌狗业也颇具规模。全国主要的大城市都有专门的赛狗场。

赌马站里的赛狗电视转播。

摄于坐落在奥克兰 Manukau City 的 Greyhound 赛狗场。人们不仅可以在赛狗场或下注站赌狗，网上也可以下注。不仅可以赌本地的狗赛，还可以赌国外的，如澳大利亚的狗赛等。

根据 New Zealand Racing Board（新西兰竞赛委员会）2018 年的年度财政报告显示，在 2017 至 2018 年度，新西兰人花在赌马，包括赛狗和体育等项目上的赌金流水（Turnover）有 27 亿 3,800 多万纽币，创造的赌博税收（Revenue）3 亿 5,900 多万纽币。

草莓情怀与房地产投资

草莓情怀

　　新西兰的草莓享誉世界。它色泽鲜艳，个大甜美。草莓很多是当天采摘当天空运到世界各地。草莓成熟于新西兰的夏季，也就是圣诞节前后，有人戏称它为圣诞果。奥克兰北岸靠近 Riverhead 区的 Wake Rd 路和 Lewis LN 路之间的草莓场据说是世界上最大的草莓场，那里的草莓满山遍野一望无边。草莓成熟时要雇佣上百人每天在不同的地片采摘。农场主来自美国，与当地人合作开办了这家草莓场，每年有上百万的盈利，农场主也因此从美国购买了大量暖房和流水种植草莓的系统。尽管冬天暖房种植不太成功，但农场主还是倾力为之。

　　摘草莓最累，也最辛苦。每天不到凌晨 4 点就要起床，5 点之前到达地里，从天一亮一直干到中午 11—12 点。过了中午，草莓打蔫了，就不能再摘了。虽说是夏天，清晨挂着露水的草莓，冰凉扎手，可 10 点一过，骄阳似火，浑身上下出的汗搞得你像个落汤鸡。摘草莓是计件制，有人算过，摘一个草莓约 1 分钱，一天 6—7 个小时，如果你不能一天采摘超过 10,000 个草莓的话，就不划算了。一般新的农工是由已经干了一两年的熟练农工介绍加入，老板看重的是干活的效率和遵守规定。农工还要懂些英文，因为老板在地头上经常发布命令，你要马上执行，听不懂不行。如他会突然来到地头上大喊：改摘出口日本的草莓。出口日本的草莓要求不要太熟，要上面红，根底部要有青颜色的，而且是要连梗带叶一起摘，大小、形状还要一致。因为那是下午就要空运日本的精品草莓。这些草莓，每 12 个镶嵌在一个精美的礼品盒里，听说在日本可以卖到 15 美元一盒。一个个的草莓在农场工眼中已成为一个个铜板或金币。他们在每天 6—7 个小时的工作中，只能自己找时间休息和吃饭、喝水。为了多摘，有些人不吃不喝地干，多数人则是将揣在身上的面包和水瓶在转换地垄时边跑边吃、边喝完成的，美其名曰减轻负担。

摄于草莓种植园，正在草莓地里采摘草莓的中国留学生。1991 年底。

草莓是种在田埂上相连成一线，像一团团油菜一样非常低矮，要想摘得快，一定要跪着，往前爬着摘。老板家还算仁慈，在地垄沟里铺上了一层稻草。就是这样，膝盖也常被硌得紫青，特别是突然膝盖硌在了稻草下面一块看不见的石头上，钻心的疼痛，难以忍受，但你也不能停下来，否则会影响采摘速度。一天能摘的草莓就这么多，谁摘了算谁的，挣钱也要讲效率。农场工中有人发明了棉布膝盖，即把碎布缝在裤子膝盖部位；有点钱的人戴上了护膝，这样干活会舒服一点。在三个月的摸爬滚打中，草莓的红色浆汁会深深地沁入你的膝盖并把它染成紫黑色。一般膝盖上的这个紫黑色，要到来年才能退去。能摘上草莓对当时的留学生和刚起步的新移民来讲是幸运的。对于20世纪80年代后和90年代初到新西兰的中国留学生来说是难得的好机会，因为它让你能够在当地生存和发展。当时的中国留学生找工作难于上青天。草莓一般只有3个月的采摘期，如果能够摘上3个月的草莓，干得好的话，基本上就可以交上下一年的学费，够在新西兰吃住一年的了。有的草莓场在后期向公众开放几块园地，让人们随便采摘，按斤收费。

这两个草莓熟了，可以采摘了。旁边青的过两天也应该熟了。

下图为坐落在 West Gate 和 Kumeu 区之间的草莓外卖店。它恐怕是离奥克兰市里最近的自己采摘的草莓地了[37]。

当地报纸时不时登有 P.Y.O（Pick Up Your Own）即外摘的广告，按季节，包括草莓、蓝莓、苹果、梨、猕猴桃等几乎所有能采摘的水果。

---

37. 这家草莓场和店面最近被 West Gate 商圈收购了，正在发展成商贸中心的一部分。

草莓外卖店也出售草莓冰激凌。坐落在 West Gate 和 Kumeu 区之间的这家草莓外卖店的冰激凌享誉奥克兰。采摘季节，人们排队购买。

北岛各地也多有草莓冰激凌店和用草莓做标牌的店铺。图为 Matakana 小镇上的草莓冰激凌店。

Matakana 是个情调高雅，悠闲的小镇。这里居住的大多是欧洲后裔。这里邻近多个海滩和海湾。新西兰前总理 John Key（约翰·基）在 Omaha Beach 海滩的度假屋离这里不远。

镇上的小女孩抱着店门口的"巨无霸"冰激凌装饰不舍得离开。新西兰的孩子超喜欢吃冰激凌。新西兰的冰激凌也确实好吃，品种多，花样多。

奥克兰著名海滩 Mission Bay 的冰激凌店总是排长队。

摄于 Albany 区 Kittiwake Drive 街。2018 年 6 月 29 日下午 3:45。

　　流动冰激凌车播放着响亮的乐曲叮叮咚咚地穿行在大街小巷，特别是在学生放学期间的下午 3—4 点，成为新西兰的一景。一些徒步回家的学生沿路购买或回到家取钱购买。冰激凌车和学生及小区很有默契，乐曲和车总能停在恰当的地方，方便购买。这让我想起了 20 世纪五六十年代上海挑着担子在里弄穿行的货郎。随着"五香……酱妞妞……"的吆喝声，你会看到每天早上准时到达你家门口的卖五香酱豆腐干的货郎，担子上挑着的小火炉锅子冒着热气，香气扑鼻，吸引孩子们吵着、嚷着让父母去买。

几家欢乐几家愁的房地产行业

据新西兰媒体报道，新西兰人的住房拥有率从1991年的74%下降到了2018年的63%。[38]
按这个比率再过20—30年，新西兰人的住房拥有率降低到50%也不足为奇。Hobsonville Point
是奥克兰市政府大力支持和鼓励的，为解决高房价而倾力打造的廉价房开发区。计划建造4,500
套住宅，希望解决1万常住人口问题。那些昔日的空军基地、荒凉的农庄和破旧的仓库已不复
存在，这里正在大兴土木，日新月异地发展起来。

建设中的 Hobsonville Point。

各种商场和其他服务部门像雨后春笋般地扎根这里，其设施和规模俨然成为一座新兴城市。
虽然建立1万人的小区在中国算不了什么，但是当你想到新西兰的第四大城市汉密尔顿的人口
还不到20万，而新西兰多数区镇的人口也少于1万人时，你就会觉得这是一项巨大的工程了。
政府起初的愿望是建上千套价格在50万—60万之间的廉价房，以解决一般工薪阶层买不起房的
问题，可是开发商建完房后，多数房的销售价也在100万左右，完全不是政府设想的价位；因
为政府设想的价格根本不够建房成本，建筑商赔钱也没人干。尽管政府在批地等方面给建筑商、
开发商很多优惠，但条件是建筑商、开发商要建有一定比例的廉价房。有时因为政府要求的比
例太高，建筑商、开发商不是建完商品房就停工，就是干脆不接这个活。

Hobsonville Point 开发区可以说是奥克兰最大的开发区之一。从 Hobsonville 码头，坐20多
分钟船可以直接到达奥克兰市中心。Hobsonville 区又因处于 Albany 和 West Harbour 两大豪宅区

Hibsonville Point 开发区的海滨码头。

38. 新西兰先驱报中文网2018年10月17日报道。

和两大商贸区，以及1号和16号国道之间，地理条件极为方便，环境优雅，设施齐全，现在很多白领也在此买房。小区从设想的低端人口社区已变成中档阶层的天堂。

Hobsonville Point 开发区里新落成的联排房。

最近政府的"Kiwi Build Programme 新西兰建房计划"终于出台了。该计划目标是未来十年间在奥克兰建5万套住宅，全国建10万套，三房的价格低于65万纽币，二房60万纽币，一房50万纽币。但奥克兰市政厅的研究显示就是这个价格，也有一半以上的奥克兰人买不起。

本地中文报纸《中文时代》2018年7月14日报道，有的房产6年间价格翻了26倍。房地产投资的传奇在不断上演。一位早期移民约20年前花80多万纽币买的一大片农庄，后来卖了1亿多纽币，平均每年赚600万纽币。这样的传奇，不仅增强了人们在房地产投资上的信心，而且刺激着人们投资房地产的热情。

这是 Barfoot & Thompson 奥克兰最大的房地产销售公司的拍卖现场。

这是从奥克兰各种各样的地产杂志和报纸中随便选的几种。在新西兰几乎所有的媒体都有房地产的信息，包括地方小报和私人、公司的海报在内。

新西兰房地产的主要运作模式和销售公司

在新西兰售房一般都设开放日。售房代理／中介一般是在所售房产门前立一块带有房屋照片的大广告牌，牌子上还会突出重点地介绍房产，并列出开放时间和联系人。中介还会在各大房地产报刊、媒体和网络上做广告，同时印刷宣传册派发到邻里。

竖立在销售房产门前的广告牌。

新西兰的房地产买卖主要有以下几种形式：

1. Auction 拍卖。新西兰房屋买卖主要是通过拍卖，因为拍卖形式不仅简捷，而且后患少，又能较准确地反映出该房产在市场上的真正价值，所以被广泛使用。对于卖家和买家来讲，拍卖又是一把双刃剑。买家一般不能有条件，等于是现金买卖，也就是说买家要有大笔现金。在这种情况下，一些有贷款条件的潜在高端买家无法参加竞标，而撑不住的卖家有时会同意低价出售，由此买家可能捡到便宜。反之，有多家竞标时，售价可能会被推高，卖个好价钱，而且卖家不用担心买家跑路，直接拿钱，更不用担心买家找后账。因为拍卖是"Sell it as it was"，也就是房子原来是什么样子的，卖的时候就是什么样子，无论是水管坏了，墙壁有损，还是屋顶漏水等，买家无权要求卖家修补。在是否采用拍卖形式之前，卖家一定要搞清楚自己的房子是属于哪一类型的，如果自己的房子不是太热门那种，通过拍卖形式售房，房价可能会受到影响。

2. Negotiation 议价讨价还价。通过这种方式买房，买家有时间可以仔细地了解房屋的各种情况，可以提出各种条件，如贷款条件、房屋检测要求等。这是一个基本上能让买家和卖家冷静思考后再做出决定的方式。不像拍卖，有时买家冲动、斗气，高价买下又后悔，或是卖家禁不住售房中介的忽悠而轻易出手。讨价还价的缺点是，买卖双方在没有通过市场检验的情况下，无法知道交易的得失，有可能买贵了，也可能卖赔了。在这种情况下，买卖双方都需要对市场有足够的了解，同时也依靠售房中介的经验、技巧和中介对市场的把握程度。

3. Tender 出价／投标。基本上是一个对卖家有利的形式。这种形式的运作一般是，售房中介通过各种广告渠道对房产物业进行大规模的宣传，并设立多个开放日，抓住一切可能的买家，让他们尽可能地出价。中介一般会在3—4周和6—8个开放日后设定截止日期，鼓励所有有意向的买家尽可能地出高价。中介通常会对有意向的买家说，如果你真想成为房东的话，要尽可能地给出你心里的最高价，因为别的买家可能出的会更高。这种形式有可能在无形中提高了竞争性。这种销售方式适合那种极其热门的房源，或是极其高端的，但买家狭窄的房产。好处是，卖家可以从几个或几十个买家的 offer 出价合同中进行选择。在众多出价合同中，卖家不一定选择出价最高的合同，但卖家一定会选择相对条件更好的出价合同，如现金买家，或者是马上可以进行交接的买家。它的缺点是，不少买家可能望而却步，有时达不到卖家心理价格和要求。

4. Mortgage Sale 银行拍卖。这种方式多是在贷款人缺乏偿还贷款能力的前提下发生的。银行为了止损，强迫房东出售所持物业或房产。理论上讲，此物业或房产必售，也就是说给多少钱都必须卖。它一般也是采取拍卖的形式。很多人觉得必卖盘可以捡个便宜。以前这种捡到便宜的情况时有发生，但近年这种情况很难再发生，因为银行似乎变得更精明和有耐心。他们会找评估公司估出一个大概的价位，拍卖不到这个价位不卖，流拍后，叫销售代理 / 中介与参加竞拍的买家们商谈，做工作，鼓励出价最高的买家，再出更高价位的购买合同，如还达不到银行索要价位时，中介会找所有曾参加竞标的买家一起出价，形成 Multiple Offers（多家合同）的局面，这种局面俨然成了 Tender 多家出价投标的形式。这种银行拍卖的现况已和以往真正意义上的银行拍卖相去甚远。多数情况下，银行拍卖的房产或物业一点也不比正常的拍卖价格便宜，有时反而比正常的拍卖价和讨价还价的方式所售出的价格还要高。因为销售代理抓住了人们爱捡便宜的心理。一来，用银行拍卖的名头招引更多买家；二来，利用超市打折效应达到最大的销售利益。银行必卖的物业或房产，由于时限或某些特殊的原因，不得不尽快出手时，也有幸运的买家捡到便宜。

新西兰有众多的房地产销售公司，但比较大的主要有 Harcourts 公司、Barfoot & Thompson 公司，Ray White 公司和 Bayleys 公司。

Harcourts 公司是新西兰最大的房地产销售公司，也是新西兰成立最早的房地产销售公司。

上面是 Harcourts 办公室和员工分布图表，以及 2018 年销售统计。

Harcourts 公司成立于 1888 年，有 130 多年历史。它的办公网点不仅遍布全国各地，而且在世界一些国家也有办公网点。该公司 2017 年的销售额超过 324 亿纽币。它在新西兰全国有近 200 家销售办公室，在中国大陆和香港也有超过 80 个办公地点，在全球有超过 900 家销售网点，雇用了超过 6,800 名的房地产销售员。

Barfoot ＆ Thompson 公司虽然除了奥克兰以外，在其他城市几乎没有多少办公室，但它在新西兰最大城市奥克兰市里却是首屈一指的房地产销售公司。它的销售办公室网点几乎遍布所有奥克兰的城市乡村，包括最小的乡镇。其所雇员工，仅在奥克兰就超过很多其他地产销售公司在全国的雇员人数。说 Barfoot ＆ Thompson 公司占有奥克兰房地产销售的半壁河山也不为过。该公司有约 1,600 名员工。它的优势是，公司任何房产销售员都可以销售本公司所列房源，谁卖掉谁挣 Commission（佣金）。所以一套房源可能会有多名地产销售员／中介跟进，相对来讲房子较容易卖掉；而且 Barfoot ＆ Thompson 公司的佣金也相对比其他公司低一点，这样对房东比较划算。因为在新西兰买方不用付佣金，卖方要付给中介佣金。中介的佣金一般是头 30 万收 4% 左右，其余超过的部分收取 2% 的佣金或更低。一个房产销售的最低佣金收费是 8,000 纽币加 15% 的 GST（销售税）。例如：Barfoot ＆ Thompson 公司的头 30 万收取 3.95% 的佣金，你的房子卖了 30 万纽币，你要付给 Barfoot ＆ Thompson 公司的销售中介 11,850 纽币的佣金加销售税后共付 13,628 纽币的佣金。如果你的房子卖了 100 万，你就要付给中介连佣金和税共计 29,728 纽币。除此以外，你还要付广告费、Listing fee（上市费）等。如果房子走拍卖形式，你还要付拍卖的费用再加税。一般上市费和拍卖费用各为 500 纽币左右加税。当然这些费用你可以与中介商量，叫中介公司负担一些。一般中介公司会承担照相、广告牌、宣传单、网站、宣传手册等费用。有的公司也可以不收拍卖费用。一家独立研究机构 (TRA, Feb. 2015) 的研究报告显示，Barfoot ＆ Thompson 公司与其他房产销售公司的平均佣金差别还是比较显著的。房子卖的价格越高越明显，如房屋售价为 100 万纽币，差别是 Barfoot ＆ Thompson 公司佣金为 29,728 纽币，其他公司的平均佣金是 32,438 纽币；如房子卖了 500 万纽币，Barfoot ＆ Thompson 公司佣金是 121,728 纽币，其他公司的平均佣金为 131,744 纽币。所以不奇怪在奥克兰找 Barfoot ＆ Thompson 公司卖房的人比较多。但凡事都有两面性，Barfoot ＆ Thompson 公司的特殊团体统一销售模式，有时也影响到了员工的积极性，如该公司里的很多洋人精英，不堪自己找来的房源总被别的同事卖掉，拿走了本应该属于他们的佣金，所以都跑到其他的房产公司去了，造成了人才的流失。另一方面，这种特殊的销售模式，在某种程度上也影响了公司员工寻找房源的积极性。再者，一个房产由多名代理销售引起的竞争有时也会造成销售的混乱，和职工内部的矛盾，甚至影响到了销售的质量；如好区好房，中介们都抢着带人看房，而较差的区和较难卖的房产无中介过问或上心。

Ray White 奥克兰一树山销售办公室。Ray White 各区的销售办公室一般是被私人承包，多销售多得，促进员工积极性。

Ray White 地产销售公司也是全国性的，在澳大利亚和印度尼西亚等地也有销售办公室。它雇佣了超过10,000名员工，包括近2,000名负责租赁的员工，管理着超过230,000家的租赁物业。这比其他公司在物业管理的数量都要多。

近年来 Barfoot & Thompson 公司里的很多洋人精英都跑到 Ray White 房地产销售公司去了。理由很简单，谁找到的房源谁卖，佣金归谁，他们不再为别人做嫁衣了。由于这些精英的加入，Ray White 公司在奥克兰市近年来办得风生水起，大有后来者居上的趋势，给 Barfoot & Thompson 公司带来了很大的压力。Ray White 公司的优点是，所列房源基本上是 Sole Agency，也就是专人负责或叫独家代理。这种专人负责制，不仅保障了 Listing Agent 找来房源的中介／代理的经济利益，促进员工寻找房源的积极性，而且相对来讲专人负责更用心。房东跟一个中介交往也更容易和方便。缺点是，与 Barfoot & Thompson 公司的团体模式比，买家范围可能会小一些，公司同事间的互动看房卖房的积极性不太高。当然在 Ray White 公司工作，也可以买卖同事间的房源，只是相比 Barfoot & Thompson 公司的佣金少许多罢了。

Bayleys 公司创立于20世纪70年代，虽然成立较晚，但它却是新西兰销售房产物业种类最多的公司，从公寓到住家，从森林到牧场，从矿山到工厂，从商铺到商城，从餐馆、咖啡店到宾馆、饭店，几乎无所不包。该公司注重高端房产和商业地产及海外市场，其推向海外市场的房源数量和商业地产也比较多。该公司网上刊登的房产广告和印刷的宣传材料也更为精美。

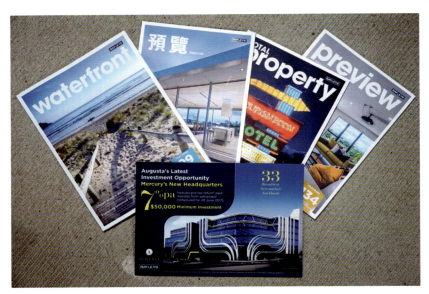

印刷精美的 Bayleys 房地产销售公司的销售刊物。该公司还有面对海外的团队，包括中国团队。

新西兰的房地产以奥克兰为风向标。如果说统领奥克兰房地产销售的上述公司可以称为四大天王的话，那么其他活跃在奥克兰的主要房地产销售公司，如 Up（Unlimited Potential），Harveys、Remax Revolution、LJ Hooker、Mike Pero、Sotheby's、Colliers International 和 Up in Lights 就可以被称为奥克兰房地产销售的八大金刚了。由于所有地产销售公司在给员工提供办公场所和销售渠道的同时，都会从员工的佣金里收取很大一部分的比例，这也导致了很多有成就的销售代理／中介另立门户。新西兰特别是奥克兰很多小的地产销售公司不断涌现，但能长久的并不多；因为一个品牌的创立要得到人们的认可和拥护，除了时间的考验外，还有众多的因素，如经营方式、经济实力和人员构成等。不过有些小的地产公司，也有独到的地方，如有的专门经营和销售某一特定地区的房产，成为了那里的专家和地头蛇，如 Mangere Bridge Realty；有的以收取更低的佣金为利器争夺市场；还有一些小的公司以族群或人脉为基础，如亚洲地产公司和 Boulgaris 地产销售公司等。Michael Boulgaris 是新西兰著名的房地产销售精英。早年，他在不同的房产销售公司里做销售员成绩斐然。他倡导的地产投资黄金三定律："Location, location and location 地点，地点，还是地点。"至今为人们津津乐道。Michael Boulgaris 于2000年被 Real Estate Institute of New Zealand（新西兰地产学院）授予 The Unique Honour of Salesperson of Millennium（千禧年地产风云人物）。他于2008年创立了自己的房地产销售公司 Boulgaris 地产公司。

　　Mike Pero 房地产销售公司以佣金 2.95%，比一般房地产销售公司的佣金低 25% 争夺市场。广告更为直接："找我们售房，可以省上千纽币。"

　　新西兰的各个房地产销售公司之间经过协商一般也可以买卖对方的房源，不过寻来房源的上市房地产公司要拿佣金的绝大部分，这种跨公司销售叫 Conjunction（交叉买卖）。由于其他公司的买家代理拿不到太多的佣金，所以兴趣不高。此种销售多发生在上市房源公司找不到买家，或是该上市物业或房产价格不菲，两家公司分成可观的情况下。

新西兰的中国元素

黄鹤廷生于 1823 年，
卒于 1920 年 9 月 26 日。

　　有记载的，第一个踏上新西兰国土的中国人叫黄鹤廷（Appo Hocton）。1842 年，他以一位新西兰医生管家的身份到达新西兰，后来以经营马车运输和牧场起家，1852 年成为新西兰公民，据说现今他的后代在新西兰有上千人。但中国人真正开始移民新西兰的应该算是到新西兰来淘金的中国人。1851 年澳洲墨尔本发现了大量金矿，全世界的人都蜂拥而至，包括中国广东沿海地区的村民，掀起了继美国旧金山后的新一轮淘金热潮，墨尔本因此也被称为新金山。1860 年前后新西兰奥塔哥地区也发现了大量的黄金，成了新金山淘金热的延续。当大多数容易开采的矿区已基本开采完后，为了维持矿区的进一步发展，一些贸易公司开始邀请在澳洲淘金的中国人到新西兰来淘金。第一批 12 名华工于 1866 年从澳洲抵达新西兰的南岛奥塔哥，从此拉开了中国人移民新西兰的序幕。随之而来的中国人越来越多，从南岛重镇但尼丁到西海岸的 Greymouth（格雷茅斯），从奥塔哥中部的 Cromwell（克伦威尔）地区到离皇后镇不远的箭镇，在新西兰淘金的中国人达 8,000 人之众，与当时到此地淘金的欧洲人人数差不多。他们以艰苦、耐劳著称，但也以与世隔绝闻名。他们当时受尽了排挤和欺凌，有人

摄于 Otago Goldfields Park（奥塔哥金矿公园）的 Kawarau Gorge Mining Center 峡谷的中国矿工城。19 世纪 60 年代中国淘金工沿着 Kawarau River 河床修建的住宅。2019 年 1 月。

说早期的中国移民在新西兰尝尽了苦难，是人间最悲情的磨难史，实不为过。从三个多月漂洋过海的幸存者，到淘金苦难岁月的继承者，从排华时代的受害者到征收人头税[39]的落难者，他们受尽折磨。在了解早期华人奋斗史的同时，我们除了缅怀和敬仰之外，会不会也在不知不觉中多了一份了解苦难的扎心和窒息。

左图为如今的 Kawarau Gorge 峡谷，已成为旅游景点。这里不仅展示当年淘金的器械和讲解淘金的历史，你还可以亲自淘金，还可以乘坐喷射快艇畅游峡谷。

右图为当年设立在箭镇淘金村中"最豪华"的中国商店。

　　20世纪80年代以前，在新西兰的华人多是淘金人的后代。中国改革开放后，新西兰迎来了中国人的第二次移民浪潮，这次浪潮一直持续至今。20世纪90年代前，新西兰人还把中国人当成真正的外国人。那时，如果你去上学或打工走在马路上，不断地会有车停下来，问你去哪儿，要不要搭他或她的顺风车。你参加本地的什么活动，也会引来一些人的好奇，但现在这里的中国人多了不少。

　　那时的超市、商铺和邮局等服务行业是你下班，他们也下班，下午5点以前全关门。周六周日你放假，他们也放假，不开门。周末街上，包括新西兰最著名的皇后街商业区，空无一人，冷冷清清。你要想买个什么东西，寄个包裹，还要向单位请假才行。那时，整个奥克兰也只有

---

39. 1881年新西兰政府开始向入境华人征收 Immigration Poll Tax（人头税）。1896年歧视中国人的立法通过，要求每个到达新西兰的华人缴纳100新西兰镑的人头税。由此在新西兰的华人人口急剧下降。1944年，针对华人的人头税才被废止。2004年时任总理的 Helen Clark（海伦·克拉克）正式向华人道歉，并拨款500万纽币，成立了"华人人头税遗产基金会"。

一家像样的中国超市"太平"，但它也只是以销售食品为主，如柴米油盐酱醋茶和蔬菜水果等，也包括一些小五金，如刀叉锅碗瓢盆等，这已让我们这些早期的留学生欣喜若狂了。这家店是老一辈华侨陈先生兄弟开的，据说是新西兰第一个获得进口中国食品的商家。那时在奥克兰的中国餐馆也少得可怜。随着中国留学生和中国新移民的涌入，中国的店铺餐馆也越来越多，中国人的店铺拉晚不说，周末还开门，这逼得洋人超市和店铺也陆陆续续地拉晚和周末开门了。换一种说法，这里的洋人跟中国人学到了如何做生意，中国人繁荣了这里的市场，带动了新西兰经济的发展。

上图为箭镇里的中国淘金村的介绍。

如今的新西兰，特别是奥克兰，热闹非凡，几乎所有的商家店铺都拉晚，周末也都开门了，有的还是全天24小时营业，如有的Food Town食品超市，特别是麦当劳等快餐店。有不少铺面打出了24/7的广告牌，即一周7天，一天24小时开门营业，全年365天无休。

据2013年新西兰人口普查，在新西兰的华人人口有171,000人，占新西兰全国人口不到5%，在新西兰最大城市奥克兰华人有112,290人，占城市人口的8%左右，但其影响力远大于此。仅就奥克兰来说，就有10多种中文出版的报纸和杂志，还都是免费的，有的还是日报，如"中文先驱报Chinese Herald"和"华页"等，最多时，免费的中文报纸、杂志二三十种。中文电视台从1个发展到现在的5个，成为除了英语电视台以外，拥有最多频道的种族。而人口居第二位的种族毛利族只有一个电视台。很多中文媒体还拥有广播电台，中文网络媒体更是多如牛毛。我的一个洋人朋友，原在新西兰驻中国大使馆工作，他的中文很好。他回到奥克兰后对我说，在奥克兰你不用会英语，到什么地方，办什么事，讲中文就可以了。如你坐公交车，总能碰到讲中文的中国人，你到超市买东西或到银行办事，也总有中国雇员。他说他试过，在奥克兰走到哪里都有说中文的，一点问题没有。我的这个朋友说的虽然可能有点过，但中国人确实到处都是。你走在奥克兰最繁华的皇后街，抬眼一望，恨不得有一半行人是中国人；当然其中有些是亚洲其他国家的，如马来西亚、菲律宾、韩国和越南等，超市里，公交、地铁站上中国人更是人头攒动。中国餐馆和店铺更是遍布奥克兰的大街小巷，有的街面几乎全被中国人占领，如奥克兰市的Dominion Rd（多美路）和奥克兰北岸Albany Corinthan Drive商圈。在最近一次的地方议员选举时，有人统计过奥克兰东区的Howick区亚洲人的比例占到47%，其中主要是华人，华人成了那个区里人口最多的种族。

左图为奥克兰多美路，街的两边是连绵不断的中国店铺和餐馆。

右图为与上面照片相对的多美路马路对面的中国商户。

现在中国的大企业和银行巨头等也纷纷登陆新西兰市场。

上图为设在奥克兰市中心的中国华为总部。

左图为悬挂在奥克兰 Victoria 大街商厦墙壁上的巨幅华为手机广告。它几乎盖住了大厦的一整面墙。这可能也是新西兰最大的悬挂式广告了。华为不仅在新西兰手机市场上呼风唤雨，还成为新西兰橄榄球队的赞助商。橄榄球是新西兰的国球，橄榄球运动员穿着印有华为标志的运动衣上场比赛是最大、最好的广告宣传。

中国人的影响力之大让新西兰人都感到震惊。

　　一对从英国来新西兰自驾游的老夫妻在旅游中心随便拿了一份北岛的地图，不想却是中文版的。他们向我询问下一个目的地该如何走。他们也奇怪为什么一个讲英语的国家，旅游景点提供的却是中文版的地图和说明。

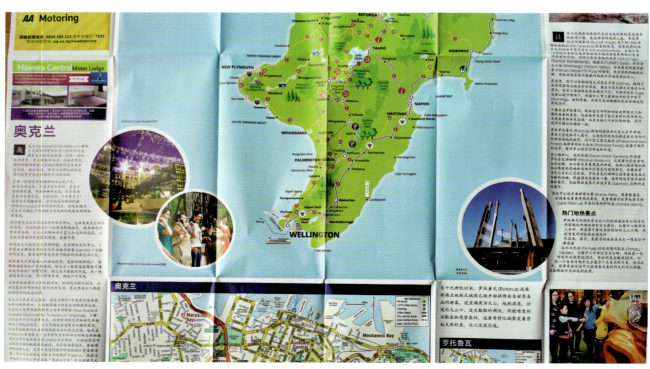

　　这是 AA 新西兰机动车协会出版的游客免费地图。这种中文版的新西兰地图几乎遍布新西兰各个旅游景点。

　　新西兰的官方语言是英语和毛利语，但在很多地方使用的语言除了英语外只有中文，如机场、银行、旅游景点和餐馆，以及赌场等。

奥克兰国际机场，无论是出入境口，还是出发抵达的时间表牌除了英文外只有中文。

像不像在中国的机场。这可是奥克兰机场的指示牌。

机场的大巴也用中文告知公众"免费乘坐"。

奥克兰最繁华的商业街皇后街楼宇上的中文招牌。

左图为天空赌场电梯楼层的中英文指示。是的，只有英文和中文，没有毛利文，更没有法文、德文，或是日文、韩文。

右图是为中国人印制的旅游宣传册。这些宣传册更是遍布全国各地。

上图为在奥克兰 Northshore 社区商业街里为公众提供的中国象棋桌。

右图为洋人开的药店也用中文说明，以吸引中国顾客。

　　坐落在 Dunedin（但尼丁）市区的由中新共同出资建造的兰园。它是第一个在南半球建造的中国园林，耗资 760 万纽币。2008 年竣工并由当时的新西兰总理 Helen Clark（海伦·克拉克）和驻新西兰中国大使张援远剪彩开园。

　　中国太极鼓表演，摄于 2018 年奥克兰 Murrays Bay 海滩鸟人飞行节。

　　中国的各种文艺演出不仅为华人观众服务，而且已加入到本地主流社会几乎所有的活动之中，如圣诞游行和复活节展览，以及社区的各种活动之中。

　　中国人在这里还开办学习中国文化的各种培训班，如中国绘画、中国书法、中文和武术等，促进了中国文化在海外的发展。

　　右图为 1998 年在奥克兰举行的中文演讲比赛的评委和组织者，以及部分获奖学生的合影。一个叫 Simon 的洋人同学的演讲题目是"最灵的耗子药"。他说他自己制作了一种专门灭老鼠的药，特别管用。场下的人问他如何使用，他说，你抓住耗子，然后把药放到耗子的嘴里就可以了，就

这么简单。他的讲演不仅中文纯正，四声把控得好，而且诙谐幽默，引来了阵阵的掌声。

左图为中国社团在一年一度的奥克兰圣诞游行中也扮演了重要的角色。长长的游行队伍和彩车行列中，隔三岔五地出现中国元素，如舞龙、舞狮，扭秧歌，猴王和熊猫彩车等。

来自中国影视界和文艺界的演出更是接二连三，如新西兰的中国电影节，中国东方歌舞团、中国民族乐团、武汉杂技团、武林风、少林寺武术团的表演，以及相声曲艺团队的表演应有尽有，层出不穷。

右图为 2014 年桐瑶"再现邓丽君"演唱会在奥克兰举行。

中国政界和商务代表团也经常到访新西兰。中新之间的商务往来更是频繁。很多中国企业在新西兰投资，特别是投资畜牧业和酒店。截至 2018 年 3 月，中新贸易进出口总额达到 268 亿纽币，中国也因此击败澳洲，成为新西兰的第一大贸易伙伴。

据不完全统计，2018 年出国的中国游客人数近 1.4 亿人，到新西兰的中国游客超过 50 万人，占到新西兰总游客数量的 15% 左右。新西兰旅游部门统计显示，截至 2018 年 2 月，到访新西兰中国游客有 436,000 人，中国游客花费了 14 亿 6,000 万纽币。

中 文 媒 体

　　20世纪90年代初，新西兰只有一份中文报纸。它是香港人办的"星岛日报－纽西兰版"，还是收费的，不定期出版，但没几年便经营不下去了。期间一份由台湾人创办的叫做"华页"的小报开始不定期出版，8开纸大小，4—8页，一两色印刷，简单粗糙，像早期校园里油印的小报。期间还有一家时停时播的中文电台，后也关闭了。但随着亚洲移民的不断涌入，特别是中国改革开放后的大批移民的到来，新西兰，特别是奥克兰的华社服务达到了空前的繁荣。从1995年后，仅奥克兰出版的中文报纸、杂志就多达十几种，而且全是免费的。办报刊的，有的是有政治目的，有的是出于商业原因，有的是社团、群体，有的是学校、教会等，五花八门，你方唱罢我登台。不少报刊仅仅是昙花一现。如"新报""唐人街"，还有自称新西兰唯一的中文主流媒体的"新西兰联合报"。这其中有的是投资方撤伙，有的是改旗易帜，更多的是由于竞争激烈，广告不足以支付运营成本而倒闭的。在众多的报刊中，难能可贵的是"华页"挺了下来，而且发展壮大，不但印刷质量提高，版面增加，而且一周多次出版，几乎成了日报。它的广告量可能是所有新西兰中文报纸中最多的。当然说到新西兰的主流中文报纸和影响力的话，不能不说是创办于1994年，与新西兰最大报业集团新西兰先驱报连襟的新西兰中文先驱报。它是NZME New Zealand Media and Entertainment（新西兰传媒集团）的合作伙伴，每周二、四、六出版，印数30,000份，以奥克兰为主，向全国发行，有超过100个免费发放网点。其网点多设立于中国超市或餐饮店堂。它也是中国各大航空公司指定的机舱刊物。它内容广泛，报道深入，其中不乏专为华人感兴趣的事件采写的文章和报道。它从英文新西兰先驱报翻译过来的文章内容及时、准确。它的排版精美，错别字和病句少，全彩色印刷，一期约有20多个版面。这样大型的、高质量的中文免费新闻报纸不仅在海外罕见，就是在中国本土也不多见。在2019年中国新闻社与中国传媒大学公布的"世界华人传媒影响力"的测评中，该报影响力排名全球第二。据中国中央电视台介绍海外华人华侨的《世界听我说》节目统计，目前在海外生活的华人华侨人数达到6,000万，相比之下虽然新西兰约20万华人华侨仅占海外华人华侨总人数的1/300，但却取得了如此骄人的成绩，这不能不让人刮目相看。

　　这是目前在新西兰发行的较为流行的中文报纸。新西兰中文报纸全是免费的。不像美国、加拿大等国，那里大多数的中文报纸是收费的。

　　为什么在这里要特别提到报纸的错别字和病句呢？因为在这里出版的中文报刊大多是免费的，所以很多报刊在编辑力量和时间上的投入不足，致使不少报章上错别字连篇和文不达意时有发生。特别是有些报刊的编辑、记者来自不同的国家和地区，因此这些免费的中文报刊在文法、语调、口吻、风格和用词上形成一个大杂烩局面也就不足为奇了。特别是在人力和财力的比拼下，这些中文报刊要想达到新西兰中文先驱报的高度和质量谈何容易。

新西兰是个小岛国，英语和毛利语是官方语言，但中文电视台却多达5个。创立最早的中文电视台是WTV（World TV Limited）的TV28，中文电视28台。它由台湾移民创立于2006年，覆盖全新西兰，内容广泛，有新闻、咨讯、文化、娱乐和财经等，包括自采自编的本地新闻和论坛节目，全天24小时播放，影响很大。其节目"我爱纽西兰""新闻今日谈"收视率高。

　　TV29（电视29台）是WTV旗下的另一个中文电视品牌。它也是一周7天24小时播放，主要覆盖新西兰北岛和南岛的克赖斯特彻奇市和但尼丁市。它注重中文和中国文化的传播。内容包括专题报道、时事评论和转播有关中国两岸三地的各种文艺节目，如中文国际CCTV4的"中国文艺向经典致敬"和"今日亚洲"等。

TV32 NCTV（中文电视 32 台）由 Asia Pacific News Corporation 主办，创立于 2017 年 3 月 19 日，仅在奥克兰地区播放。它注重新西兰本地华人和本地洋人感兴趣的中国文化、戏曲、电影、旅游、地产、财经和移民以及体育节目等。该台节目三分之一为转播来自中国的电视节目，三分之一为本地节目，包括本地社团新闻和中文授课等，另三分之一是其他国家和地区与中国有关的节目。同时该台也注重中国文化和毛利文化的结合与发展，如转播毛利四重唱节目等。

TV33 New Zealand Chinese Television（中文电视 33 台），是新西兰第一个数据电视台，经过 7 年的筹备，创立于 2010 年 5 月 1 日，全天 24 小时播放，覆盖全新西兰，注重中新文化交流，丰富华人生活，旨在传播中华文化。主要转播中国 CNTV（中国网络电视台）的节目，如"传统中医""文明之旅" 等，同时穿插本地新闻和评论节目。不少本地商家在此台做广告。多数节目以普通话为主加注英文字幕，重点节目有"新闻 33"。不过此电视台播出节目不太稳定，有时候还没有节目播出，出现黑屏和空当。

TV37 Panda TV（熊猫电视台），创立于 2017 年 8 月 11 日，是 NZCM 新中传媒集团旗下的一个品牌，用中、英文播放或中文加英文字幕，注重多元文化的传播，仅在奥克兰地区播放。主要节目有"熊猫剧场""熊猫综艺""儿童剧场""中国文艺""朝闻天下"等。有授权转播中国"湖南国际""浙江国际"等电视台的节目。新中传媒集团旗下还有报纸《中文时代》和杂志《KIWI STYLE 新西兰生活指南》，以及 FM 90.6 中文电台。

中国饮食

新西兰的中国饮食在 20 世纪 90 年代真可谓寥寥无几。那时新西兰最繁华的城市奥克兰也就是有数的那么几家中国餐馆，如富丽华、金马酒家和顶好餐厅等，其他城市更是一餐难求。

20 多年前，我到新西兰的第四大城市汉密尔顿市转遍了全城也没有找到一家中餐馆，只好吃了顿西餐，当时的感觉是，吃完西餐，一过马路又饿了。如今的汉密尔顿市，中国餐馆已经是星罗棋布，特别是那里的四川风味餐馆，味道正宗，讲究一菜一格，百菜百味。

我的一位朋友原来是北京四川饭店的老总，他到此就餐后感慨道，就是中国各地的很多四川味的餐馆也比不上这家的味道正宗。这家餐馆在新西兰的旅游胜地 Rotorua（罗托鲁瓦）市中心还有一家分号，那里更是盘大碗大，人气旺盛，是附近其他几家中餐馆的食客人数无法比肩的。这家餐馆的老板说他原来在奥克兰开餐馆，但竞争太激烈。到了罗托鲁瓦才觉得开餐馆开对了地方。这里不仅人热情，上下班又不堵车，这点非常适合他。

左图为坐落在汉密尔顿市中心的"重庆味道"中餐馆。

下图摄于"重庆味道"罗托鲁瓦分店。2018 年 5 月。

20 多年前的克赖斯特彻奇市当时也比汉密尔顿好不了多少。记得 1996 年去那里旅游时，在城里找了半天，才好不容易找到一家中餐馆。进去后，发现大堂空空的，一个顾客都没有，怪瘆人的，本想不吃了，老板是一对中年华人夫妇，他们说吃吧，时间还早，一会儿顾客就来了。我一看时间已是晚上 6 点了，就问老板，你们这里中国人吃饭是不是都比较晚？老板娘嗯了一声，就拿出小票要我们点餐。给我印象最深的是，除半块豆腐炒的麻婆豆腐一个菜就要了我们 30 多纽币（比当时奥克兰的同等菜贵了最少 5 倍）以外，就是直到吃完了，晚上 7 点多钟，也没见任何其他顾客登门。那时的中餐馆惨淡经营的状况可见一斑。

根据《Te Ara Encyclopedia of New Zealand》（新西兰在线百科全书）记载，新西兰有记录的第一家中国餐馆开业于 19 世纪中叶，到了 20 世纪五六十年代，较多的中国餐馆才涌现出来。期间第一条唐人街就出现在奥克兰市城里的 Greys Ave 街上。那时的这条街上有几家中餐馆就被认作唐人街了，和现在一条街上有上百家中国餐馆和店铺的多美路不可同日而语。如今新西兰的中国餐馆已是遍布全国，特别是新西兰最大的城市奥克兰，短短二十几年间的迅速发展让人瞠目结舌。以往风光无限的意大利餐馆和日本料理也在众多的中国餐馆面前黯然失色。

摄于新
西兰南岛皇
后镇。这里
的洋人小伙
子还做起了
曾在中国京
津唐地区火
爆街边的快
餐煎饼果子。
2019年1月。

奥克兰多美路上，中文店牌林立。

摄于奥克兰多美路一瞥。像不像中国某个城
镇的街景。2018年。

在近期 Massey University（梅西大学）的一份报告[40]中，大学的 Paul Spoonley 教授说：很长时间以来，在新西兰的亚洲饮食业都不得不进行改造，以迎合当地人的传统口味，据此赖以生存，但现在不同了。近20年来，随着亚洲移民的大量涌入和亚裔社区本身的需求，情形已发生了巨大的变化。亚裔餐馆已不再在乎是否迎合其他民族的爱好和口味了（The demand from the Asian community had also grown large enough for ethnic restaurants to make "no concessions to the food sensibilities" of customers who were non-Asian.）。

据 The New Zealand Women's Weekly 杂志统计，1959年整个奥克兰才有420家餐馆。中国餐馆更是屈指可数。可如今，遍布奥克兰大街小巷的中国餐馆就有上千家，在这里你几乎可以尝遍来自中国各地的菜肴。其中很多餐馆以地方特色吸引顾客，如兰州拉面、四川担担面、上海知味观、台湾美食、京味涮肉坊、京味肉饼和广州烧腊等。还有的中餐馆以家族或传统为招牌，如俞湘老妈、三姐夫重庆面馆、正记湘菜馆、福记、秦妈火锅、老北京炒肝葛记和九哥串串等。有的中餐馆用谐音取巧吸引人们眼球，如川粤食空、蜀壹蜀贰、茶颜观色、壹碗江山和无饿不坐等。还有的中餐馆主打亲民牌，如我家厨房、盛京小厨、小辣椒过桥米线、辣尚瘾串串香和有面儿等。有的中餐馆讲究艺术追求和情调，如早春二月、（明星）禅E私房菜、悟茶、花蜜、紫荆阁和仙踪林等。真是五花八门，用尽心思。下面是奥克兰中国餐馆的一些牌匾。

---

40. 见 nzherald.co.nz 新西兰先驱报 2015年7月15日讯："Ethnic Food Revolution: New Taste of NZ."（民族饮食革命：新西兰的新口味。）

海鲜酒家

壹碗江山
GOLDEN CITY CHINESE CUISINE

乌鲁木齐美食
JadeTown Uyghur Cuisine
HALAL 598

蜀壹蜀贰

子房红

正记湘菜馆

小南國 上海餐廳
Shanghai Restaurant
订餐电话 Ph: 09-638 9999

九哥串串

说麻道辣
Yuema Malaysian Restaurant

我家厨房
My Kitchen
餐桌上的幸福時光

武汉小吃

无饿不坐
WUEBUZUO CHINESE RESTAURANT

百味餃子

奔板凳老灶火锅

新湘滙 酒家

台湾美食
Taiwanese Cuisine
好客

三姐夫重庆面馆
CQ Style Noodles

禅e私房菜

醉麻辣

渝湘 老妈
YUXIANG
Chinese Restaurant

少林面舘 回族

有滋 有味
Albany Chinese Restaurant

小辣椒 过桥 米线
Welcome Noodle Restaurant

客家人 燒臘飯店
BBQ Noodles House

有面儿

家乐包子铺 bao

福记
FU'S RESTAURANT

茶颜觀色
BUBBLE TEA CAFE

奥克兰的北岸 Albany 区商圈旁边一年前还是一片空地，最近刚建好的商铺一上市就被中国人抢购一空；平地里一下子就冒出了二三十家中国餐馆。真是奇怪，还家家爆棚，哪儿来的那么多中国食客？！整个 Albany 地区要光看这里，还以为全是中国人的天下了。

奥克兰 Alexandra Park 马场里的中餐馆占据了从前马场下注大厅的大部分面积，内设 40—50 张餐桌。中午的 Yum Cha（饮茶午餐），特别是周末，从早上 10 点多到下午 2 点多，人满为患，凡就餐的人们都需要在大门外拿号等候，餐馆的接待员在餐馆的大门外支起一个服务台，手拿对讲机与店内保持联系，用麦克风喊号，出来一桌人，放进一桌人，一天也不知要翻多少桌。接待员自豪地说，就是你提前订了座，再等上个三四十分钟也算短的了。

Alexandra Park 马场里的赛马、赌马虽大不如以前，但中国的 Yum Cha（饮茶午餐）却让马场每天都风风火火，游人如织。就餐的不仅是中国人，洋人、毛利人、岛民和印度等其他国家的人也不在少数。看到这种繁荣景象，相信把马场大厅租赁给中国人开餐馆的马场老板一定很得意他当初的决定。

现在中餐馆遍布新西兰各地。但尼丁市里的中餐馆"台北 101"。

左图为南岛西海岸 Fiordland National Park 国家公园边上的 Te Anau 小镇里的中国餐馆。

右图为重庆秦妈火锅在奥克兰开的分号，装潢还算上乘。和这里的洋人餐馆有一拼。

中国的饺子在新西兰像汉堡包在中国一样有名。各种活动的摊位中少不了它这一品，而且我发现洋人特爱买炸或煎的饺子吃。好吃是一方面，方便大人和孩子们用手拿着吃也是主要原因。摄于奥克兰鸟人飞行活动日，2018 年 4 月 7 日，Murrays Bay 海滩。

在 Metro 杂志评选的 2018 年奥克兰最佳 50 名餐馆中唯一上榜的提供中国饮食的是 The Blue Breeze Inn 餐馆。它坐落在著名的奥克兰 Ponsonby Road 餐饮一条街的中心。Ponsonby 区是白领阶层最喜欢居住的地方，沿街两边店铺的装饰充满浓厚的小资情调。这家餐馆门口摆放着一辆古老的可携带婴儿的自行车，店内餐桌延伸到露台；室内用巨型筷子做装饰隔板，柜台上方码满中国花雕酒瓶和中国酱油瓶子。店内着装统一的服务人员多到叫你咋舌。从顾客一进门的问寒问暖到就座点餐，从上菜到席间的关照，可谓服务周到。这里的厨师有中国人，也有印度人和太平洋岛民，做的菜与正宗的中国菜不同，带有浓厚的西餐风格，整体味道偏酸甜。讲究的是色彩和形状，好看但不太适合中国人的口味。可能就因为如此，它才吸引了本地大量的洋人就餐和获得好评。该餐馆的菜量比较小，价格比一般中餐馆高出一倍多。它的店名和菜单上没有中国文字，顾客也主要是欧裔人士，可以说是一家真正西化了的中餐馆。究其与一般中餐馆之不同，也许就是其他中餐馆应学习和借鉴的。

不大的餐馆里有十多个统一着装的服务员穿梭其间。比一般中国餐馆中的服务人员至少多了2倍。

新西兰最贵的是人工。所以一般餐馆会尽量减少服务人员，而服务人员的减少必然带来服务质量的下降。

80% 以上的顾客是欧裔人士。

这家餐馆天天爆满，不提前几天预订很难吃上饭。

左图为这家餐馆的英文菜单。提供的饭菜包括饺子、包子、馄饨和炒面等，凉菜有辣花生米、叉烧肉和棒棒鸡等，主菜有烤鸭、辣牛肉和羊肉，以及鱼等。头盘包括蔬菜沙拉，餐后有小点。

下图为这家餐馆的菜肴，量少而偏甜。应该说是典型的洋式中餐。

一位友人在这里吃完饭后戏说，这哪里是中餐馆，整个一个西餐馆。我要是评选最佳中餐馆的话，我一要看它有没有大鱼缸，鱼缸里有多少游水龙虾和其他生猛海鲜；二看它干净不干净；三看吃饭的人多不多，人少的，东西（指食物）绝对不新鲜；四看服务人员有多少，服务人员少的，服务不会好。这位友人说的也颇有道理。

　　摄于多美路街头，这是耸立在奥克兰多美路上的巨大筷子面条雕塑，彰显中国食品一条街的特色。2018 年 11 月。

　　中国饮食为中国人服务没错，但如何让中国餐饮走向世界，如何让中国饮食成为高大上的代名词，还需要国人的不断探索、借鉴和创新。中国人，特别是年青一代的中国人有思想、有创造力，通过他们的努力，相信在不远的将来，中国餐饮一定可以成为世界上最文明、最优雅的饮食典范。正如刚刚获得 2018 年度西班牙世界餐前小吃比赛冠军的年轻新西兰华人厨师 Shunyun (Dani) Chen 所感悟到的一样，只要潜心研究中国饮食文化，将中国元素加入西方餐饮文化和风格中，就会脱颖而出，取得骄人的成绩。

春节掠影

　　说春节是新西兰的第二个新年一点都不为过。虽并未列入新西兰的公共假期，但其热闹程度和欢庆的气氛为人瞩目，是除了圣诞节以外的新西兰的最热闹节日。圣诞节与中国春节相比，除了东西方文化的差异外，最大的区别是，圣诞节当天所有商店和娱乐场所都关闭，就连号称全年 24 小时开门的赌场也不例外。街上冷冷清清的，主要商业街上甚至连汽车和行人都很少见。除了卖日常必需品的 Dairy shop 便利店和加油站等，商店、餐馆、银行和影院等购物、娱乐和服务场所都关门。如想要在圣诞之日开门营业，必须向当地政府申请，获得批准才行，私自开门营业是违法的。但春节就不一样了，所有商店不仅开门，各种娱乐活动更是风风火火。以奥克兰 Sky City Casino（天空赌场）为例，其张灯结彩，精心布置和舞龙、舞狮，费尽心机的程度就比圣诞节有过之而无不及。

　　左图为 2018 年中国春节期间在奥克兰天空赌场门口的舞龙庆祝活动。

　　右下图为天空赌场用大红灯笼等带有中国文化特色的装饰打扮赌场的大门。

　　左下图刻有"财源广进"的巨大孔方兄被作为中国春节庆典的装饰码放在赌场的大门口，成了赌场招财进宝的标识。

赌场还请来中国财神，在大门口助兴。

大厅里也挂满了大红灯笼。

赌场里穿着中国旗袍的迎宾小姐会给每一位顾客手腕戴上幸运的抽奖条。

为庆祝中国狗年的到来，赌场发布告示：赌场餐厅提供春卷和饺子。

天空赌场的大门装饰。

天空赌场入口处，围绕天空塔布置的庆祝中国春节的装饰。

新西兰的六合彩公司也推出狗年彩票。

天空赌场在 2018 年中国春节期间不仅举办舞龙、舞狮和熊猫舞蹈等表演，还举办中国书法和写春联等活动。

新西兰的银行也用中国红包吸引顾客和推销产品。

地方上的英文媒体不仅用中文祝贺中国新年的到来，还用中文介绍了中国春节的由来。

社会各界都通过中文报纸媒体恭贺中国新年。

上图为国家党和工党不遗余力地利用中国春节之际，向华人拜年，争取华人选票。

上图为银行和汽车专卖店恭贺中国春节。

很多商店在中国春节之际都打折促销。

Bank of New Zealand（新西兰银行）在中国春节之际，优惠顾客，提高存款利息。

右图为奥克兰皇后街两边店铺的橱窗上庆祝中国春节的招牌随处可见。

　　奥克兰皇后街上新西兰最大的电子屏幕上闪烁着恭贺新春，给您拜年。

　　皇后街珠宝店恭贺中国春节，打折最高达 60%。

　　新西兰工党党魁，新西兰国家最高领导人，现任总理 Jacinda Ardern（杰辛达·阿德恩）祝华人春节快乐。2018 年春节。

　　左图为新西兰保险公司 Crombie Lockwood 在奥克兰大桥高速路出口竖起了巨大的招牌，祝贺华人新年快乐，狗年吉祥。

　　新西兰国家党议员杨健在电视台向新西兰华人、华侨拜年。

新西兰电视 28 台无论是报道新闻还是转播文艺节目都离不开恭贺新年。

新西兰电视 32 台邀请前国家代总理 Bill English（比尔·英格利希）发表贺词。2018 年春节。

奥克兰电视 33 台请到了奥克兰市长 Phil Goff（菲尔·戈夫）致词。这位市长还在电视上用中文说"恭喜发财"。2018 年春节。

在新西兰，特别是在奥克兰，你会感到这里的春节气氛一点都不比中国逊色。

春节时期，洋人超市也大打中国牌，不仅中国人喜欢的奶粉和蜂蜜等打折，就连鸡鸭鱼肉都优惠出售，还用英文注明是为了庆祝中国新年。

新西兰的麦卢卡蜂蜜因其独特的保健疗效受到世界各国人们的追捧。新西兰初级产业部（MPI）的数据显示，新西兰每年的蜂蜜产量只有 15,000 吨到 20,000 吨之间，而麦卢卡蜂蜜的产量只在 1,700 吨到 2,000 吨之间。

摄于 Albany Pak'n Save，2018 年 6 月。

左图为特价奶粉和蜂蜜都放在超市显著的地方，也不限量了。

平时超市的鱼档是左图的样子。

中国春节时期变成了右图的模样。不仅打折优惠还挂上红灯笼，贴上春节优惠的字样。

灯 会

　　一年一度的 Auckland Lantern Festival（奥克兰灯会）可以说是除了 Christmas Parade（圣诞游行）和 Easter Show（复活节展）以外，每年在奥克兰举办的最大的庆祝活动了。奥克兰灯会有近 20 年的历史，每年在中国农历正月十五元宵节前后举行，历时约 4 天左右。它已从原来在奥克兰城里的 Albert Park 小公园举行，发展到了在奥克兰最大的市内公园 Domain Park（中央公园）举行。参加人数和摊位都在不断地增加，特别是参展彩灯，无论在数量上，还是在质量上，或是规模上都有了突飞猛进的发展。如在 2018 年 3 月举办的狗年灯会上，举办单位几乎占尽了中央公园内的 75 万平方米的场地，因地制宜地布置彩灯和摊位。在湖边和喷泉池设立与龙和鱼等相关的彩灯，在有罗马雕像的园中园里竖立中国传统人物灯雕，在公园的参天大树上挂满飞禽彩灯。各种吃喝、玩耍的摊位则分立便道两边。探照灯将巨大的灯笼投影到奥克兰博物馆的墙壁上，上下跳动并不断变换着颜色。广场里举办着各式各样的文艺演出和杂耍，公园的草坪上则是不同单位或公司举办的展览促销活动，以及各家银行和博彩公司、房地产公司举办的抽奖活动。灯会人山人海，公园里漫山遍野都是不同形状、不同尺寸和不同颜色的灯，非常夺目，平日公园里寂静、漆黑的夜晚，变成了一片灯光和欢乐的海洋。

　　灯会上除了成千上万盏灯和无数的吃喝摊位以外，你还可以发现具有浓厚中国风土人情的民间艺人，如捏面人的，吹糖人的，写对联的等，而唱歌跳舞和扮演古代人物的更不在话下。每年灯会吸引超过 20 万人到访，奥克兰市政厅和新西兰著名厂家以及公司也投入人力和物力大力支持这些活动。灯会不仅成为了中国文化在海外的代表，而且已成为名副其实的全奥克兰市民的狂欢节日。

　　摄于灯会现场。灯会上你甚至能欣赏到来自雪域的舞蹈。2018 年 3 月 2 日。

公园最大的树上挂满了各式各样的彩灯。

奥克兰大学参展的大茶壶彩灯。

ASB 银行在草坪上围了一块地，组织各种促销抽奖活动。

新西兰最大的房地产销售公司 Harcourts 推销业务的方式是注重中国传统艺术——京剧。该公司制作了多种不同类型的京剧人物彩灯。

新西兰六合彩博彩公司在灯会上开辟了博彩小镇，推广业务。当然还要用中文推广。

洋人孩子们也对中国的书法感兴趣。不少孩子还亲自执笔照葫芦画瓢，忙的不亦乐乎。有的孩子是第一次拿毛笔，他们感到很奇妙。一些孩子是问了个别中文字的意思后，开始"画"字的。

利用地理环境布景和设置彩灯是狗年灯会的一大特征。主办方巧妙地将公园内的罗马雕像与中国古代农夫，农家乐人物放在一起，交相辉映，突出了东西方文化的融合与发展。

湖边的树丛用不同的彩灯照射，把人们带到了梦幻的世界。

园中园喷水池中的巨大二龙戏珠彩灯使 Sky City Casino（天空赌场）灯塔上的不灭灯光都显得黯然失色。

是日，皓月当空。人们似乎真的在等待嫦娥的到来，玉兔们也变得不安分起来。

夜晚灯会的游乐场里欢声笑语。

俺与老孙合个影。

愿有情人终成眷属。

鸟的世界，灯的海洋。新西兰人爱鸟是有名的。在新西兰射杀鸟类的处罚，最严厉是 10 万纽币和 1 年监禁。

中国传统手艺捏面人和吹糖人也出现在 2018 年灯会活动中。

投影灯把巨大的灯笼投影到奥克兰博物馆的墙壁上，灯笼上下跳动并不断变幻着七彩的颜色，让灯会的场面更加壮观。

灯展的通道内人们摩肩接踵，这种情况在新西兰实属罕见。

公园里的古代人物还真不少。

2018年灯会的一个主要特点是，大多灯展作品与实物比例等同，如农夫与茅舍。小号的动植物和器皿，如鸽鸟和茶壶等的尺寸则被加大，力求真实和醒目。

五花八门，各种口味的食品小摊是灯会的又一大特点，在这里你可以品尝到来自中国各具特色的小吃。

向佛祖许个愿。

与实物大小一样的动物灯笼。

上百家店铺，琳琅满目。

放个比人还高还大的炮竹。

市政府提供的临时厕所多得连成排。奥克兰方圆几百里才150多万人，这种人山人海的场面实属难得一见。

市政府提供的巨大的垃圾箱也连成了排。灯会结束后的第二天，公园就又会变成鸟语花香，地上连个纸毛都没有的游览胜地。

这是2018年3月在奥克兰中央公园里举办灯会的售货摊，像不像中国的庙会。

新西兰中国书法家协会在灯会上展出作品，并当场为游人书写对联条幅。

　　一年一度的奥克兰灯会确实在弘扬中华传统文化方面做出了巨大的贡献。在参加灯会的茫茫人海中，你不难发现到访的洋人比华人多，年轻人比中老年人多。奥克兰的中国元宵节灯会和中国春节一样已成为进入西方主流文化的中国节日，并被公认为是奥克兰，乃至全国最成功的节日庆典活动。

　　在世界文明的发展进程中，中国传统文化和中国习俗已越来越多地影响着世界各国，不管你喜欢也好，不喜欢也好；你承认也罢，不承认也罢；中国人每天都在走向世界。中国的产品，中国的文化，中国的风俗，中国制造铺天盖地而来。21世纪是中国的世纪，这已不仅是预言，历史将再次证明中国的崛起势不可当，中国一定会以它雄伟的身躯屹立于世界民族之林。

带你走进真实的新西兰

——《新西兰风情录》读后感

2019 年，适逢中新旅游年，欣喜地看到有这样一本全面介绍新西兰的作品问世。

《新西兰风情录》一书中不仅用大量的照片实地反映新西兰的风土人情，记载作者的游历和感受，而且还有作者对新西兰多方面的分析和评判，从这个角度上把此书看成是一份新西兰的考察报告也不为过；亦可看成是一部长篇的画报式专访。

此书涉及内容广泛，从当地的风光到房地产投资，从教育到医疗，从敬老院到幼儿园，从社会福利到乞丐，从赛马场到赌场，从国会、政府、法律到选举、罢工、游行，从民间风俗到中国元素都有详尽的介绍和点评。此书提供的数字统计和参考材料亦很充实；如新西兰人的肥胖率、婚礼习俗、学生贷款和中国旅游者的花费等。作者在书中还讲述了他本人在新西兰摘草莓和上大学时的艰难生活，以及打官司，还有开办敬老院和 Home Stay 寄宿的情景，这些不仅传奇和引人入胜，而且让读者看到了新一代中国移民在新西兰生活成长的真实缩影，较好地再现了新西兰社会特有的文化和风俗。

难能可贵的是此书是以照片为基础展开描述和分析的。照片年代跨度大，非常珍贵。俗话说得好，一张图片胜过千言万语。一位版面设计师说，他在刚开始排版和阅读此书时没有什么感觉，像读日记，但越读越感兴趣，真长知识，他在新西兰曾住过 8 年，但书中很多的人和事他都不知道，而且读起来非常有趣味。

阅读全书不难看出作者受意识流文学的影响较深。此书的叙述方式不是以事物或人物为主线，而是以意识或思维为脉络的。譬如，作者在"田园之声"一章中，在描写伊甸山的风貌时，写到了他的友人入籍当晚访问伊甸山的情景，由此描绘出了中国移民对祖国的深厚感情，随着思路的进展，作者又介绍了新西兰的入籍形式；再进一步，作者在介绍伊甸山的发展过程中，又不留痕迹地把读者带回到了 20 世纪 90 年代中国留学生在伊甸山区的艰苦生活场景。作者在行文中夹叙夹议，看似随意，实则寓意深刻，达到了形散神聚的境界。

我们知道的意识流文艺作品包括小说、诗歌、戏剧和电影等，如詹姆斯·乔伊斯写的英语意识流文学的奠基之作《尤利西斯》，高行健的话剧《绝对信号》和小说《灵山》，莫言的小说《红高粱》和《爆炸》以及王蒙的小说《夜的眼》和《海的梦》等，其中《灵山》和《红高粱》的作者先后获得诺贝尔文学奖；但像毛先生这样的以照片为主，集采访和评论为一体的去介绍一个地方的，画报随笔式的意识流作品并不多见，也是我第一次看到。与出版社的同行谈起《新西兰风情录》时，一些人担心此书在如今网络盛行的时代出版，可能没有销路；认为所有信息，包括文学艺术作品都可以在网络上找到，而且有关新西兰的介绍和旅游方面的书籍多如牛毛。另一方面与手机一起成长起来的年青一代人，对读书也缺乏耐心等。这种担心是完全可以理解的，但我认为正是因为现在是网络时代，是信息爆炸的时代，出版与网络信息媒体不同的作品才会更有价值。反过来说，正是因为网络的单一、大一统，才给了毛先生这种作品生存的空间和理由。我们知道由于网络搜索引擎的技术制约，网络上的信息多是单项性的，缺乏融汇贯通，很难跨学科；而被人们广泛应用于日常生活中的微信，也多为支离破碎的信息。

如何展示人和事物内在的、有机的联系正好是意识流载体的特长，也是网络信息所不能替代的。进一步讲，《新西兰风情录》中对事物的描述和作者的经历、感受，以及评判的交叉变更，也不是任何网络搜索引擎可以完成的。就像电视连续剧的兴起，并没有让电影消亡一样，网络书刊的兴起也无法完全取代传统书刊的功能。传统书刊一般文字和图片比较大，不仅便于随时随地阅读，在阅读时有更强的冲击力，而且读者亦可随时在书页中加注和写下读书心得。它的质感也不是网络书刊可以代替的。

《新西兰风情录》的后面还附有索引，在方便读者查找书中相关内容的同时，也为更多想了解新西兰的人士提供了一个信息搜索的平台。我试着跟着索引反向阅读此书，有一种查找新西兰社会百科全书的感觉。如查找新西兰的MMP选举制和在这种制度下发生的一些有趣的故事，想了解老人入住敬老院的资产评估等都很容易通过该索引找到相关信息。作者在书中还对每一个提到的特殊事件或人物给出脚注，力求例证准确有出处，使该书在具有可读性的同时也增加了学术分量。

与一般介绍旅游的书籍不同，此书可贵之处还在于它结合了叙述、描写、采访、点评和分析为一体，又以照片为佐证。其中绝大部分照片为作者亲自实地考察拍摄的。此书的文字内容亦为作者第一手资料。作者的选材角度很独到，照片和阐述也很给力，如"厕所、流浪汉与宠物"一章中对流浪汉的描绘和分析，以及由此阐发的人不如狗，居不如厕的感慨就十分震撼。特别是书中的点评很精彩到位。

当然此书也有一些不足之处，如作者拍摄的一些风光照片不如旅游达人的光鲜，所介绍的人和事物也有一定的局限性。如新西兰一些很有特色的地方在此书中并没有介绍到，像有着"新西兰的富士山"美誉的 Mt Ngauruhoe（瑙鲁霍伊活火山），书中就没有提到；此山还是《魔戒》系列电影中的末日火山的拍摄地。还有在一些领域中引人注目的人和事物也没有涉及到，如闻名世界的新西兰著名橄榄球运动员兼队长 Richie McCaw（里奇·麦克考）在书中并没有提到；再有新西兰南岛 2010 年 11 月 19 日发生的 Pike River Mine（派克河大矿难），作者也没有提到。考虑到作者著书时力求亲历亲受，作者本人又不可能走遍新西兰的各个角落，亦不可能了解所有领域并做到面面俱到，瑕不掩瑜，是完全可以理解的。

总而言之，相信此书的历史价值会随着时间的推移和检验得到肯定。

班　墨
2019 年 5 月于北京

索　引

　　该索引以主题词为引，在主题词后，给出书中的相关页码。主题词的提取以中外常识和便于读者查阅本书内容为准。一些关键的人和事，同时给出中文和英文索引，如英文地名"Wellington"在索引的 W 部，而中文译文"惠灵顿"在索引的 H 部，Rotorua 在 R 部，罗托鲁瓦在 L 部。英文人名以名为引姓氏在后，如 John Key 在 J 部，Edmund Hillary 在 E 部。英语中的定冠词省略，如 The University of Auckland 在索引中为 University of Auckland，列入 U 部，The Champagne Pool 为 Champagne Pool，列入 C 部。有些英文词在索引中采用固定的缩写形式，如 Mount 缩写成 Mt，Museum of New Zealand Te Papa Tongarewa，缩写为 Te Papa。索引中所列页码以文中出现的不同文字为准，若只出现中文，则只列入中文词引中，反之亦然，如文中出现"蓝泉"但没有注明 Blue Spring，则只在中文"蓝泉"一词后注明页码。主题词涉及新西兰的，如"新西兰海岸线"，则简称为"海岸线"，"新西兰的糖尿病"，则为"糖尿病"。词条按汉语拼音排列，同一汉字的起始排在一起，如词条"入住敬老院的费用"虽然按拼音顺序应排在"乳罩围栏"之后，但跟随"入籍"和"入室盗窃"的同一字的起始排在"乳罩围栏"之前。以阿拉伯数字开头的主题词均排在部首。